KB104485

중국을 움직이는 거인들과의 대화

알리바바·텐센트·샤오미·바이두

알리바바 · 텐센트 · 샤오미 · 바이두
그들이 알려주지 않은 성공의 법칙

중국을 움직이는 거인들과의 대화

• 이대형 지음 •

카멜북스

프롤로그

한국 인터넷 기업의 좌충우돌 중국 구두닦이 사업 도전기

나는 2005년 6월부터 2007년 7월까지 2년간 한국 인터넷 기업의 중국법인에서 근무했다. 중국 최대 이통사인 차이나모바일과 휴대폰 결제를 개발하고 서비스하는 것이 내 주업무였지만 2006년 본사 사장님이 직접 중국에 오신 이후부터 다양한 사업을 모색하는 기회를 갖게 되었다. 그 중 가장 흥미진진했던 '구두닦이 사업'에 대해 잠시 소개해 볼까 한다.

2006년 겨울 어느 날, 사장님께서 신규 사업 아이템으로 '중국의 구두닦이 사업'에 관해 설명하기 시작했다. 중국의 사우나에 갔다가 구두를 한 번 닦아본 적이 있는데 영 마음에 들지 않아 여기저기 알아보니 구두를 닦는 것에 대한 중국인들의 개념은 물론이거니와 사업화도 전혀 되어 있지 않았다는 것. 한국에는 여의도나 종로, 강남 지역의 오피스빌딩 지하 1층에만 가도 항상 구두닦이 가게가 있다. 우리가 흔히 일컫는 '찍새'가 사무실을 돌며 걷어온 구두를 '딱새'가 반짝반짝하게 닦는 바로 그곳 말이다. 물론 요새는 자유로운 복장을 선호하는 회사들이 많아지면서 예전만큼은 못하지만 큰 건물 지하에 한번 자리 잡으면 서너 명의 직원만으로도 억대의 월 매출을 올릴 수 있을 정도로 수익이 큰 사업이 구두닦이였다.

사장님은 한국과 마찬가지로 중국도 발전을 거듭하면서 패션에 신경을 쓰게 될 날이 머지않아 올 것이며 그때쯤엔 광이 나도록 구두를 닦는 문화가 발달하게 될 것이라는 지론을 펼치셨다. 개인이 자영업 형태로 운영하는 구두닦이 가게가 고착화된 한국과는 달리 브랜드와 조직을 갖추기만 한다면 전 중국에 구두닦이 체인이 크게 성장할 수 있는 기회가 될 것이라는 판단이었다.

처음에는 코스닥에 상장한 한국 인터넷 기업이 중국에서 구두닦이 사업을 한다니 그저 황당할 뿐이었으나, 베이징北京·Beijing에 매일같이 들어서는 엄청난 높이의 오피스빌딩들을 보면서 어쩌면 가능할 수도 있겠다는 생각이 들기 시작했다.

다른 임원들의 반대와 우려에도 불구하고 사장님의 저돌적인 지휘에 따라 일이 일사불란하게 진행돼 바로 팀이 꾸려져 관련 법

률검토 및 입주 건물선정이 시작되었다. 강남 테헤란로의 LG아트센터에서 수십 년간 구두닦이를 해오신 '불광의 달인'을 중국으로 스카우트했고, 채용된 중국인 직원들은 매일같이 불광 내는 연습을 반복했다.

그 후 몇 달 간의 준비를 거쳐 한국 기업들과 외국 기업들이 많이 입주해 있는 궈마오國貿, Guomao역 근처의 파이낸스 타워 1층에 드디어 1호점을 오픈했다.

솔직히 말해 나는 이 사업이 참 황당했다. 모바일콘텐츠와 휴대폰 결제사업 등을 주력으로 하고 있는 유망한 한국 인터넷 기업이 중국에서 펼치는 사업이라고 하기엔 명분이 없었으며 모양새마저 빠진다고 생각했다.

그렇지만 해당 사업이 진행되는 과정에 있어서 직·간접적으로 참여해 사장님과 여러 차례 이야기를 함께 나눔으로써 사업 아이템을 선정하는 사고의 유연성에 한 번 감명받았고, 자신이 생각하는 바대로 사업을 펼쳐나가는 사업가의 호기에 두 번 감탄했다. 또한 급하게 팀이 이루어졌음에도 손발이 착착 맞아가며 일을 진행하는 모습에 세 번 놀랐다.

결과는 어땠을까?

사업은 잘 되지 않았다. 우선 건물관리사무소에서 찍새들의 활동을 허가하지 않았다. 찍새들이 각 층을 부지런히 돌면서 걷어온 고객들의 구두를 딱새들이 빠른 속도로 광을 내면, 다시 찍새들이 각 층을 돌아다니며 주인들에게 구두를 돌려줘야 하는데 건물 관리사무소에서 막아버리니 영업의 기본적인 시스템이 제대로 이뤄지지 못했다. 이런 상황에서 가게에 찾아오는 손님만을 대상으로 사업을 할 수밖에 없었기 때문에 매출이 빠르게 늘지 않았고 건물 1층 목 좋은 곳에 임대함으로써 발생한 높은 고정비 또한 큰 문제가 되었다.

무엇보다 가장 큰 문제는 '문화'였다. 중국인들 사이에서는 한국인처럼 반짝거릴 정도로 광을 낸 구두를 신고 다니는 문화가 없었다. 한국에서는 너 나 할 것 없이 매일같이 구두를 닦던 사람들도 중국에서는 굳이 돈을 내가면서까지 불광을 낼 필요가 없다고 깨닫기 시작한 것이 실패의 원인이었다.

지금 생각해 보면 중국 사람들의 생활모습에 대한 고찰이 부족했고 한국의 사업방식을 그대로 적용시키다 보니 무리가 되는 부분도 많았다. 큰 시장 규모로 인해 빠른 성과를 내고 싶었던 성급함도 컸던데다가 실질적인 업무를 진행하는 중국인 직원과 한국인 매니저 사이의 원활치 못한 커뮤니케이션 문제 또한 한몫 했다. 즉, 중국을 너무 쉽게 생각했던 것이다.

어느새 시간이 십 년 가까이 흘렀다. 그 사이 나는 중국을 매년 수십 번씩 오가며 많은 사람들을 만났고 다양한 사업경험을 할 수 있었다. 자본금 2천만 원으로 창업한 회사를 4년 만에 코스닥에 상장시키며 기업가로 성장했다. 문득 머릿속에 질문 하나가 떠올랐다.

"만약 지금 내가 가지고 있는 경험과 지식을
그때도 가지고 있었더라면
과연 나는 중국에서
구두닦이 사업을 성공시킬 수 있었을까?"

프롤로그

생각과 철학이 이르는 곳에 변화와 성장이 있다

G2 시대가 도래하며 유례 없는 '중국 배우기'가 열풍이다. 가장 가까우면서도 가장 큰 나라, 대중국 무역의존도 사상 최대, 수많은 중국 관광객들로 내수시장이 유지되고 있는 이 시점에서 너무나 당연한 현상이다.

우리 주변에는 정말 많은 중국 전문가들이 있다. 중국의 최고 명문대학인 청화대清華大나 북경대北京大를 졸업한 젊은이들이 넘쳐나고, 다년간 중국을 넘나들며 많은 비즈니스를 한 이른바 '중국통'이라는 사람들도 너무 많다.

나 역시 2005년부터 여러 비즈니스를 진행하면서 중국에 대해 누구보다 풍부한 경험과 식견을 가지고 있다고 자신했다. 특히 내가 몸담고 있는 인터넷·모바일 분야는 중국에서도 2000년대 들어 새롭게 부각된 산업이다 보니, 주위를 둘러보면 나보다 더 경험이 많은 사람은 그리 많지 않다고 생각했던 것 같다. 적어도 한국 사람들 중에는 말이다.

중국에서 파트너들과 겪었던 일곱 번의 도전과 다양한 시행착오를 통해 중국에 관해 다시 한 번 더 공부해 보자는 각오를 하게 되었고 그 뒤로 중국을 배우기 위해 많은 노력을 기울였다. 중국의 주요 도시들을 자주 방문하며 많은 사람들을 만났다. 내가 종사하고 있는 인터넷·모바일·게임 분야 외에 다양한 분야에서 종사하고 있는 사람들을 말이다. 중국에서 일하고 있는 한국인들, 중국인들, 또 다른 외국인들까지 정말 많은 사람들과의 만남을 통해 중국에 대한 그들의 관점과 경험, 기회의 가능성을 배우기 위해 노력했다. '이 정도면 됐지'라고 스스로 만족해하며 그만뒀었던 중국어도 다시 배우기 시작했다. 매일매일 한자쓰기를 연습하거나 중국 드라마를 봤고 가급적 중국어로 대화하는 기회를 늘리기 위해 각고의 노력을 기울였다. 국내에서 쉽게 접할 수 있는 중국 관련 자료들, 서적들을 읽고 스크랩했다. 한자를 잘 알지는 못하지만 중국어 뉴스 사이트와 커뮤니티를 방문하여 번역기의 도움을 받아 많은 글들을 읽었다.

이쯤이었던 것 같다. 서점에서 중국의 경제, 사회, 문화 등에 걸쳐 많은 책들을 탐독하다가 인터넷·모바일 분야와 관련된 책은 유독 부족하다는 사실을 발견했다. 그도 그럴 것이 업력 자체가 짧으니 전문적으로 연구하는 사람이나 경험과 식견을 나눌 만한 사람이 적을 것 같다는 생각이 들었다. 더군다나 미국의 인터넷·모바일에 대한 책들은 서가에 넘쳐나고 있는 반면 정작 우리에게 가장 큰 시장이자 가장 많은 배움을 요하는 중국 인터넷·모바일 관련 도서들은 매우 적다는 점이 더더욱 아쉬웠다.

모든 업계가 중국을 주목하고 있다. 중국과 관련해 수준 높은 책들이 이미 많이 출간되어 있음에도 빠르게 변화하는 인터넷·모바일 분야는 양적인 면과 질적인 면에서 비교적 그 수가 부족했다. 어찌 보면 당연한 일이다.

그래서 중국의 인터넷·모바일 분야에 대한 입문서를 써 보기로 했다. 나 역시 내가 속해 있는 인터넷·모바일 관련산업 영역에선 많은 정보와 흥미로운 이야기들을 그 누구보다 많이 알고 있다. 그렇지만 그것은 대부분 너무 어려운 이야기이거나 시간이 지나면 더 이상 흥미로운 이야기들이 아니다. 너무 자극적이거나 너무 팩트 위주인 글들을 단순히 나열하기보단 중국 인터넷·모바일 시장을 쉽고 바르게 이해할 수 있는 관점을 설명해 앞으로의 변화를 예측할 수 있게끔 하는 핵심만을 다루어 보기로 결심했다.

많은 고민 끝에 이러한 목적을 달성하기 위해서는 현재 중국 인터넷·모바일을 이끌어가는 기업의 영웅들(창업자들이 주로 되겠다)에 대해 다루는 것이 가장 좋겠다는 생각에 이르렀다. 그들의 생각과 철학이 이르는 곳에 결국 변화와 성장이 있다는 판단 때문이었다.

여기서 등장하는 중국 인터넷·모바일 관련 주요 기업들은 긴 역사와 많은 이야기들을 가지고 있다. 사실 회사 하나하나만 자세히 이야기해도 각각 책 몇 권을 쓸 수 있는 분량의 내용들이기 때문에 각각의 기업들에게서 강조할 만한 면에 대해서만 집중해 보기로 했다.

"중국의 부를 이끌어가고 있는
창업가들과의 대화를 통해
인터넷·모바일 시장의 현주소를 제대로 이해하고
앞으로의 가능성을 분석해 보도록 한다."

차례

프롤로그 한국 인터넷 기업의 좌충우돌 중국 구두닦이 사업 도전기 5

생각과 철학이 이르는 곳에 변화와 성장이 있다 10

1 공장에서 인터넷 시장으로, 중국이 변하고 있다

중국의 거대 인터넷 기업들이 거품이다? 19

중국의 골든 에이지Golden Age 26

2 중국의 영웅들, 혁명을 일으키다

알리바바 마윈 인터넷 영웅의 등장 37

텐센트 마화텅 끊임없이 혁신하라 48

바이두 리옌홍 중국에서 구글을 격퇴할 때까지 59

샤오미 레이쥔 자신만의 생태계를 구축하라 70

시나 차오궈웨이 중국 정부의 인터넷 검열에서 살아남기 83

소후 장차오양 인터넷 영웅의 우울증 극복기 93

넷이즈 딩레이 게임 콘텐츠와 게임 플랫폼 107

3 소리 없는 춘추전국시대,
대륙을 뒤흔든 기업 간의 전쟁

360 저우훙위 거대기업 텐센트와의 3Q전쟁 121

마윈과 레이쥔 전통과 내기하다 131

콰이디다처 뤄촨페이 택시앱 보조금 전쟁 137

4 변화를 먼저 읽어내는 자가 승리한다

바이두 리옌훙 빅데이터를 통해 예측해 보는 인터넷의 미래 149

360 저우훙위 사물인터넷이 가져올 새로운 기회와 위기 161

어러머 장쉬하오 중국은 지금 O2O 비즈니스 열풍 173

요쿠투도우 구용창 동영상 플랫폼이 한-중 콘텐츠 시장을 좌우한다 184

YY 리쉐링 콘텐츠 시장의 지각변동 194

에필로그 자신만의 경영철학과 세상을 바라보는 통찰력을 가져라 203
- 기술의 진보가 던지는 변화구에 대처하는 자세

1

공장에서 인터넷 시장으로, 중국이 변하고 있다

중국의 거대 인터넷 기업들이 거품이다?

중국의 골든 에이지Golden Age

중국의
거대 인터넷 기업들이 거품이다?

"창랑의 물이 맑거든 갓끈을 씻고,
창랑의 물이 흐리거든 발을 씻으리라."

2001년 홍콩의 모처에서 마윈은 투자가들에게 둘러싸여 신랄한 질문공세에 시달리고 있었다.

투자자 중국 인터넷 시장의 성장성이 크고 전자상거래가 발전할 수 있다는 당신의 생각은 이해했습니다. 그렇지만 미국의 이베이가 이미 중국 시장에 진출했고 비교할 수 없이 더 많은 자본과 기술을 가지고 앞서가고 있는데 과연 알리바바가 살아남을 수 있나요?

마윈 인터넷은 이제 시작입니다. 인터넷을 3,000미터 달리기라고 비유했을 때, 미국은 100미터쯤 왔다고 생각해요. 한국과 일본 등 다른 아시아 국가들이 30미터면 중국은 이제 5미터에 불과합니다. 현재로서는 굉장히 많이 뒤처지고 있다고 생각되지만 중국은 이제부터 시작이라는 점이 가장 중요합니다.

투자자 현재 인터넷업체들은 우후죽순처럼 생겨났다 사라지고 있습니다. 한치 앞을 내다볼 수 없는 상황에서 알리바바의 성공을 장담하는 이유는 무엇인가요?

마윈 우린 1995년에 중국에서 맨주먹으로 인터넷 사업을 시작했습니다. 더 힘든 상황을 겪을 수 있겠지만 80년 이상 계속해서 성장할 겁니다. 알리바바가 인터넷 사업을 시작할 당시 중국은 인터넷 서비스를 시작하기도 전이었기 때문에 다른 인터넷 기업들보다 훨씬 더 고생한 감도 없지 않아 있습니다. 하지만 우린 시작했고 한 걸음 한 걸음 나아가 결국 살아남았고 성장했습니다. 힘든 상황을 맞닥뜨릴 때도 있지만 결과적으로는 점점 좋아질 것입니다.

투자자 중국 정부는요? 중국 정부의 사회주의 체제와 통제가 인터넷 비즈니스를 하는 데 적합한 환경이 아니라는 우려가 큽니다.

마윈 중국은 문호를 개방하고 다른 세상을 배우려 애쓰고 있습니다. 인터넷은 사람들이 바깥세상에 대해 알 수 있는 가장 좋은 방법입니다. 정부 역시 인터넷을 통해 밖에서 어떤 일이 벌어지는지 알 수 있기 때문에 다른 미디어에서처럼 통제를 하긴 어렵다는 것을 잘 알고 있습니다. 결국 인터넷이 중국 정부의 태도를 바꿀 것입니다.

투자자 인터넷의 잠재력에 대해서는 질릴 만큼 들어서 잘 알고 있습니다. 하지만 인터넷으로 돈은 어떻게 벌고 있죠? 돈이 되는 게 아니라면 감탄할 일도 없지 않나요?

마윈 현재 우리는 수익이 전혀 없습니다. 관심을 끌고자 무료로 서비스를 제공하고 있죠.

투자자 그럼 결국 허풍 아닌가요? 대단하다고 떠들며 거창하게 주장만 펼치고 있지, 정작 돈은 하나도 벌지 못하고 있습니다. 이러다 보면 언젠가는 많은 수익이 창출될 거라는 말을 우리더러 믿으라는 건가요?

마윈 그것이 인터넷입니다.

투자자 아니 그게 대체 무슨 말씀입니까?

투자자의 질문공세에 차분한 자세로 답변하던 마윈은 수익모델에 대한 질문에 반박할 말을 찾지 못한 듯했다. 그는 아무도 듣지 못할 정도의 작은 목소리로 나직하게 말했다.

"창랑의 물이 맑거든 갓끈을 씻고, 창랑의 물이 흐리거든 발을 씻으리라."

마윈은 많은 투자자들로부터 중국 인터넷 기업의 거품이 너무 심하다는 공격에 시달리며 자본조달에 많은 어려움을 겪었다. 2000년도에 일본 소프트뱅크로부터 2천만 불의 투자를 받았지만 2002년 알리바바의 순익은 1위안(한화 140원)에 불과했을 정도였다.

이대형 늘 궁금했는데, 그날 조용히 읊조렸던 '창랑의 물이 맑거든 갓끈을 씻고, 창랑의 물이 흐리거든 발을 씻으리라'라는 한시는 무슨 뜻으로 이해하면 되겠는가?

마윈 그것은 춘추전국시대 제나라의 재상이었던 굴원이 지은 〈어부사(漁父辭)〉에 나오는 구절이다. 당시 굴원은 기개가 높았던 인물로 큰 뜻을 품고 일찌감치 재상의 자리에 올랐지만 간신들과 외척들의 모함으로 쫓겨나 한가롭게 바닷가를 거닐고 있었다. 그때 한 어부가 다가와 "당신은 큰일을 하실 분으로 보이는데, 왜 이런 곳에서 하릴없이 시간을 보내고 있느냐?"고 물었다. 굴원이 "모든 사람이 눈을 감고 있을 때 혼자 눈을 뜨고 있었고, 모든 사람들이 술에 취해 있을 때 혼자 깨어 있다 보니 이렇게 되었다"고 답하자 어부가 크게 웃으며 "창랑의 물이 맑거든 갓끈을 씻고, 창랑의 물이 흐리거든 발을 씻으리라"고 말했다는 일화다.

인터넷이 생기면서 예측할 수 없는 큰 변화가 도처에서 일어나고 있는데 수익성이나 운운하며 불필요하게 시간을 끌고 있는 그들이 답답하여 했던 말이었다.

이대형 그렇지만 기업의 수익은 굉장히 중요한 것 아닌가? 돈을 벌 수 있을지 확신하지 못하는 상황에서 투자자들이 가질 수 있는 당연한 의문이라고 생각한다.

마윈 당시 인터넷 기업들이 '수익을 어떻게 창출할 수 있을지'에 대해서는 정확히 알지 못했지만 '큰 수익을 창출하게 될 것'이란 부분에 있어서는 확신을 가지고 있었다. 우리가 가진 서비스는 큰 서비스 가치를 만들어냈고, 그 가치를 필요로 하는 고객들은 점점 늘어나고 있다. 결국 수익성을 증명하지 못한 채 그저 사용자만 많았던 인터넷 기업들은 오늘날 거대한 매출을 만드는 기업으로 성장했다. 무료 검색서비스를 제공하던 구글은 검색광고로 수익을 내게 되었고, 알리바바는 광고 및 거래수수료로 수익을 내고 있다.

이대형 그 말은 잘 이해했다. 그렇지만 중국 인터넷 기업들의 가치가 지나치게 높다고 평가되는 거품론에 대해서는 어떻게 생각하는가. 알리바바의 2014년 4분기 매출은 9.64억 달러로 한국 삼성전자의 4분의1에 불과한데 알리바바의 회사 가치는 삼성전자를 훨씬 웃돈다. 물론 회사의 성장성에 대한 기대감이 반영된 결과라 이해할 수는 있지만 아시다시피 알리바바의 중국 내 사용자 수는 이미 정점을 찍었고 중국의 경제성장률 또한 하락 중에 있다. 그러므로 현재 알리바바의 회사 가치에는 거품이 껴 있다고 볼 수 있지 않을까?

마윈 전 세계 인구의 절반이 아직 인터넷을 사용하고 있지 않다. 우리의 발걸음은 중국 시장을 넘어 전 세계로 향하고 있다. 우리의 고객은 더 많아질 것이고 더욱더 다양한 루트를 통해 우리의 서비스를 오래 사용하게 될 것이다. 이미 내 대답을 알고 있지 않은가?

이대형 지난 20년간 인터넷 시장의 성장을 돌이켜 보면 두 가지 생각이 든다. 첫 번째, 발전속도가 늘 예측을 벗어났다는 점이다. 때로는 예측에 비해 느렸고 때로는 예측보다 훨씬 빠르게 모든 일이 이루어지기도 했다. 두 번째, 성장의 크기는 항상 예측보다 컸다는 것이다. 스마트폰이 등장하면서부터 인터넷 사용자 수가 폭발적인 증가세를 보였다. PC로 인터넷에 접속했던 시대와는 비교할 수 없을 정도다. 다가오고 있는 사물인터넷 시대엔 더 많은 사람들이 더 많은 시간을 할애해 인터넷을 이용하게 될 것이다. 이러한 점을 이해한다면 가끔씩 흘러나오는 중국 인터넷 기업 거품론에 대한 논쟁이 무의미하다고 생각할 수 있을 것 같다. 결국 그 기업들은 우리가 상상한 것보다 훨씬 더 크게 성장할 테니까 말이다.

중국의
골든 에이지 Golden age

빌 게이츠 Bill Gates 와 스티브 잡스 Steve Jobs 는 몇 년도에 태어났을까? 두 사람은 1955년생이다. 구글의 회장 에릭 슈미트 Eric Schmidt 역시 1955년생이다. 이쯤 되면 누구나 한 번쯤은 의문을 제기하게 될 것이다.

특별히 1950년대에 천재가 많이 태어난 것은 아닐까?

미국은 제2차 세계대전이 끝난 이후 폭발적인 베이비붐 baby boom 을 겪었다. 1946~1964년도에 태어난 이들은 베이비부머 baby boomer 라고 일컬어진다. 베이비붐 세대는 성장하면서 미국 경제의 전성기를 경험했고, 열심히 일하면 누구든지 성공할 수 있다는 아메리칸 드림의 산증인이 되어주었다. 그들은 반전反戰운동, 차별반대운동 등과 같은 다양한 시민운동에 참여하여 사회변혁을 주도했다. 또한 마지막 아날로그 세대이자 첫 디지털 세대이기도 했다. 특히 베이비붐 세대들이 사회에서 한창 기반을 잡아가고 있을 때는 컴퓨터 기술이 빠르게 발전하는 시기였다.

1981년에 IBMIBM corporation에서 첫 퍼스널 컴퓨터인 'IBM 5150 PC'가 출시되었고, 1984년에는 애플Apple Inc에서 '매킨토시Macintosh'를 발표하였다. 1985년에 마이크로소프트Microsoft Corporation는 매킨토시의 운영체제를 모방한 '윈도우Windows'의 개발을 완료했다. 스티브 잡스와 빌 게이츠 같은 사람들은 퍼스널 컴퓨터의 태동기에 너무 늦지도 너무 빠르지도 않게 IT 시장에 뛰어들었고, 결국 성공을 거둘 수 있었다.

퍼스널 컴퓨터 태동기

연도	회사 - 모델명	사이즈	가격	특징
1981	IBM - 5150 PC	50.8(W)x40.6(D)x14(H)㎝	$1,565	최초의 퍼스널 컴퓨터
1983	Apple - Lisa	38.6x47.5x35.1㎝	$9,995	애플 최초의 GUI인터페이스 OS를 가진 컴퓨터
1984	Apple - Macintosh	33.5×24.6×28.4㎝	$2,495	마우스를 최초로 채택
1986	IBM - PC Convertable	30.5x40.5x7㎝	$2,000	최초의 랩탑

컴퓨터, 스마트폰, 태블릿 판매 추이: 1975-2011[1]

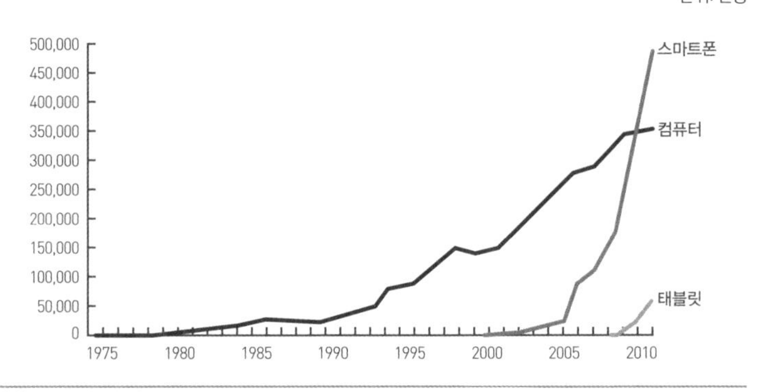

한국은 PC통신과 인터넷이 보급되기 시작하면서 1990년대 중·후반부터 수많은 사람들이 인터넷 벤처에 뛰어들기 시작했다. 1994년에 넥슨을 창업한 김정주, 1995년 다음을 창업한 이재웅, 1997년 엔씨소프트를 창업한 김택진, 1998년 한게임을 창업한 김범수, 1999년 네이버를 창업한 이해진 등 IT 업계를 이끈 인물들은 놀랍게도 모두 86학번이었다. 이들이 대학교를 졸업하고 사회에 나와 창업에 관심을 가지던 시기에 한국 사회에는 벤처 창업 붐이 일었었다. 1996년부터 벤처기업협회를 중심으로 제기된 벤처기업 육성책을 정부가 받아들이면서 벤처 인프라가 차츰 갖춰지기 시작했다. 코스닥 시장이 활성화되었고 창업 투자사도 등장했다. 게다가

1) "From Altair to iPad: 35 years of personal computer market share", 〈arstechnica〉, (9:00pm. Aug 14. 2012.), http://arstechnica.com(1:58pm. Sep 24. 2015.).

IMF 환란의 타격에서 차츰 벗어나 희망을 찾으며 IT라는 새로운 성장동력과 함께 경기가 회복세에 접어들고 있었던 사회적 배경은 그들이 국내 IT 업계를 주름잡는 데에 큰 밑거름이 되었다.

대한민국의 인터넷 이용자 수

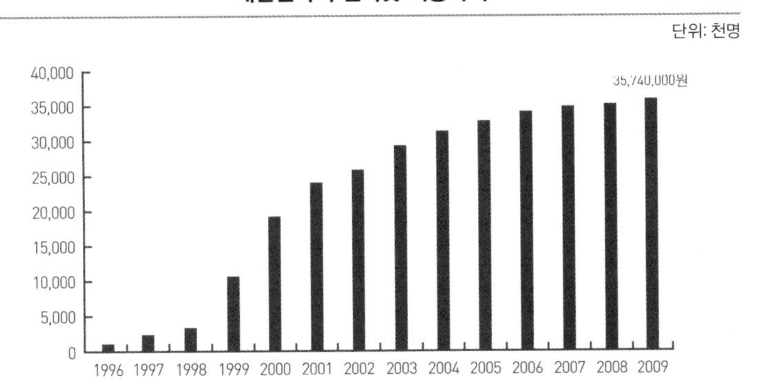

자료: 한국 인터넷 진흥원(인터넷이용실태조사), 방송통신위원회

20년간 GDP 설장률

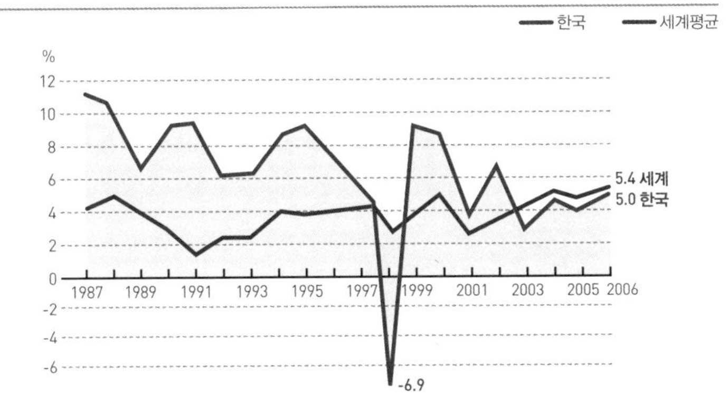

자료: 국제통화기금(IMF)

중국은 2000년대 초·중반 인터넷 보급률의 가파른 상승과 2010년을 전후로 한 거대한 모바일 혁명이 IT 급성장의 배경이 되었다. 일명 BAT라 불리는 바이두, 알리바바, 텐센트가 새로운 강자로 떠올랐고 샤오미가 그 뒤를 이었다. 중국의 휴대폰 보급률은 95%, 그중 스마트폰은 55.3%까지 늘어났다(2014년 기준). 특히 중국에서 생산된 화웨이와 샤오미 등의 저가 스마트폰은 중국 휴대폰 보급률에 크게 기여했다. 1964년생인 알리바바의 마윈, 1969년생인 바이두의 리옌훙 및 샤오미의 레이쥔 그리고 1971년생인 텐센트의 마화텅. 이들은 크게 중국의 '류링호우六零后' 세대로 분류될 수 있다. 중국은 연도를 읽을 때 한 글자씩 읽는 것을 원칙으로 하고 있다. 따라서 '류링'이란 6과 0을 숫자 그대로 읽는 발음을 표기한 것으로서 60년대에 태어났다는 뜻이다. 이들은 20대 때 덩샤오핑이 권력을 장악한 이후 개혁개방의 물결 속에서 산업화의 역군으로 치열하게 살아온 세대이다. 능력과 노력만 있다면 성공할 수 있을 것이라는 희망을 품고 중국의 발전을 주도해왔다. 실제로 많은 이들에게 주목 받는 정치적 지도자와 CEO들 중에는 류링호우 세대가 많다. 앞서 언급했던 마윈, 리옌훙, 레이쥔, 마화텅과 같은 사업가들 또한 중국의 산업화와 정보화시기를 겪으며 급속한 변화를 온몸으로 받아들인 사람들이다. 중국의 변화와 거대한 내수시장은 그들이 크게 성장할 수 있는 기반이 되어 주었다.

중국의 인터넷 이용자 수

단위: 만명

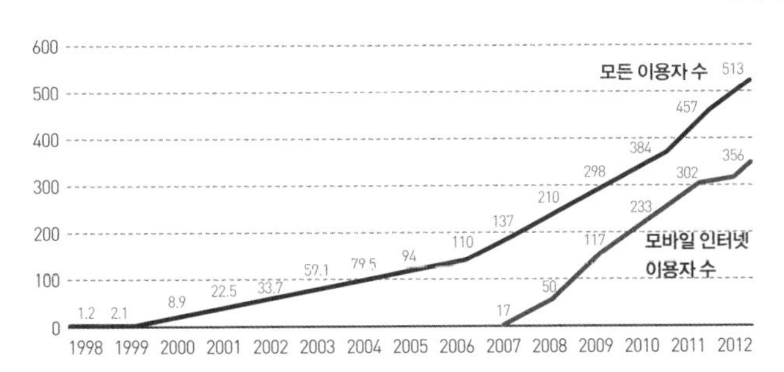

자료: CNNIC report for January 2012

위의 세 가지 사례를 통해 한 가지 질문을 던질 수 있다.

각국의 뛰어난 IT CEO들이
특정 시기에 태어나지 않았어도
과연 성공할 수 있었을까?

물론 시류를 잘 읽어내고 그에 편승하는 것 역시 개인의 능력이라고 할 수 있다. 하지만 성공할 만한 요소를 다 갖췄다 하더라도 인생에 아무런 기회가 찾아오지 않는다면 어떻게 될 것인가. 그때도 개인의 능력이 부족해서라고 말할 수 있는가. 개인의 힘으로 시장 전체의 흐름을 뒤바꾸기는 굉장히 어렵다. 창조성과 통찰력이 뛰어난 개인이라 할지라도 시대적 환경의 뒷받침 없이는 성공하기 힘들다는 의미기도 하다.

성공에는 운이 따라야 한다. 성공한 사람들에 대해 '그저 운이 좋았을 뿐이야'라며 그들의 노력까지 폄하하고 싶지는 않다. 다만 그들은 대단한 능력과 식견을 갖춘데다가 시대적 환경이라는 부가적인 운까지 함께했음을 말하고자 하는 것이다.

최근의 중국 경제는 매우 역동적이다. 중국의 부자 순위는 조사할 때마다 변동이 심하다. 항상 '늘 보던 그분들'이 순위권 안에 들어 있는 모습을 보여주는 한국과는 확연히 다른 양상이다. 그렇다면 중국은 왜 부자 순위가 계속 바뀌는 것일까?

부자의 순위를 결정하는 핵심 변수는 '주가'다. 공신력 있는 기관 중 하나인 포브스에서는 보유하고 있는 주식의 총액을 기준으로 부자 순위를 매긴다. 즉, 기업이 보유하고 있는 주식의 주가 등락에 비례해 부자 순위도 움직이는 것이다. 부동산의 경우 소유 여부를 파악하기도 쉽지 않은데다가 부동산 가격을 산정하기 어려우므로 제외한다.

주가는 사회 흐름의 변동이나 정부 정책과도 밀접한 관련이 있다. 중국 정부가 부동산 개발 및 건설에 주력했을 때에는 펑룬馮侖 투자의 황광위黃光裕나 비구이위안碧桂園의 양후이옌楊惠姸, 싼이三一의 량원건梁穩根 등이 중국 최고의 부자였다. 중국 정부가 소비와 유통 위주의 정책을 펼쳤을 때에는 와하하娃哈哈의 종칭허우宗慶後, 완다萬達의 왕젠린王健林이 중국 최고의 부자 자리를 차지했었다. 가장 최근에는 알리바바의 마윈, 바이두의 리옌훙, 텐센트의 마화텅 순으로 중국 최고의 부자 1, 2, 3위에 올랐다. 이러한 변화가 시사하는 바는 분명하다.

인터넷과 모바일,
혁명이라고도 할 수 있을 정도의 엄청난 발전으로
매 순간 중국이 변화하고 있다.

2

중국의 영웅들, 혁명을 일으키다

알리바바 마윈 인터넷 영웅의 등장

텐센트 마화텅 끊임없이 혁신하라

바이두 리옌훙 중국에서 구글을 격퇴할 때까지

샤오미 레이쥔 자신만의 생태계를 구축하라

시나 차오궈웨이 중국 정부의 인터넷 검열에서 살아남기

소후 장차오양 인터넷 영웅의 우울증 극복기

넷이즈 딩레이 게임 콘텐츠와 게임 플랫폼

알리바바 마윈
인터넷 영웅의 등장

마윈 马云·Jack Ma | 1964~

중국 항저우杭州·Hangzhou에서 가난한 핑탄[2] 배우 부부의 아들로 태어났다. 영어는 잘했지만 수학을 너무 못한 나머지 삼수 끝에 항주 사범학교에 입학해 영어교육을 전공했고, 졸업 후 '하이보'라는 영어 통·번역 회사를 차려 첫 번째 창업을 했다. 그러던 중 1995년 초 미국에 갔다가 인터넷의 가능성을 접한 후 중국으로 돌아와 인터넷 사업을 시작했다. 마윈은 1995년 4월 중국의 첫 번째 온라인 기업인 홈페이지 제작회사 '차이나 옐로우페이지'를 세웠다. 그러나 실패로 돌아가 회사 문을 닫고 관광가이드와 영어교사를 병행하며 생계를 꾸려나갔다. 1998년 중국 대외경제무역합작부에서 근무하던 때에 그는 야후 창업자 제리 양楊致遠·Jerry Yang의 만리장성 가이드를 맡았다. 이때 마윈은 사업구상을 제리 양에게 설명했다. 이때의 만남이 향후 알리바바가 성장하는 데 큰 영향을 끼치게 되었다.

마윈의 성공 신화는 친구 17명과 함께 알리바바를 창업한 1999년 작은 아

2) 판소리와 비슷한 중국의 연극.

파트에서 시작됐다. 사업 초기에는 한 아파트에 18명이 기거할 정도로 어려운 환경이었고 출범 이후 단 한 건의 거래도 성사시키지 못해 위기에 봉착했었다. 그때 제리 양이 마윈에게 일본 기업 소프트뱅크의 대표 손정의孫正義 회장을 소개했다. 그가 알리바바를 창립한지 1년 후의 일이었다. 마윈은 손 회장에게 2,000만 달러의 투자를 받았고 이를 기반으로 위기를 극복해낼 수 있었다.

중국의 중소기업이 만든 제품을 전 세계 기업들에게 판매하는 온라인 쇼핑몰 알리바바에 이어 일반 소비자를 대상으로 한 온라인 오픈마켓 타오바오를 설립하면서 시장순위 1위였던 이베이를 바짝 추격해 단숨에 중국시장 1위 자리를 차지하게 되었다. 그 후 알리바바 그룹은 알리페이(즈푸바오·온라인 금융결제서비스), 알리마마(인터넷 광고 거래 사이트), 티몰(티엔마오·정품 취급 쇼핑몰), 이타오(쇼핑 관련 검색 엔진) 등의 신사업에도 진출해 성과를 거두고 있다.

21세기 인터넷 시대,
누구를 영웅이라고 부를 수 있는가

이대형 알리바바의 회사문화에 대해 굉장히 재미있는 이야기를 들었다. 알리바바에서는 직원들 누구나 중국의 무협소설에 등장하는 인물의 이름을 자신의 별명으로 삼아야 한다고 하던데 사실인가?

마윈 그렇다. 내가 무협소설을 좋아해서 반은 재미로 시작한 것인데, 이젠 기업문화의 일부가 되었다. 인터넷 기업의 창업자들은 무협소설에 등장하는 영웅들과 같다고 생각한다. 학교와 기업에 은거하고 있던 재야의 고수가 그간 조용히 갈고닦은 인터넷 기술이라는 무공으로 어느 날 갑자기 세상을 깜짝 놀라게 한다. 중국 인터넷 시대의 영웅들을 보라, 그들은 너무나 멋있고 훌륭하다.

이대형 조조가 유비에게 이렇게 물었다. "천하에 누구를 영웅이라 칭할 수 있는가?" 당신에게 묻고 싶다.
중국의 인터넷 시대에 누구를 영웅이라고 부를 수 있는가?

마윈 선전深圳·Shenzhen에서 5명의 친구들과 '텐센트'라는 아시아 최대의 인터넷 기업을 탄생시킨 마화텅, 수백만 달러의 보너스를 버리고 미국에서 홀연 귀국해 '바이두'라는 최고의 인터넷 검색기업을 일으킨 리옌훙, 누구보다 빨리 인터넷 산업에 뛰어들었지만 후배들의 화려한 성공 뒤에서 20여 년간 묵묵히 실력을 기르다가 혜성처럼 다시 등장한 '샤오미'의 레이쥔, 한때는 한 몸과 같았던 동업 관계였지만 현재는 경쟁자로서 날카로운 칼날을 겨누며 다른 방식으로 우정을 나누고 있는 '소후'의 장차오양과 '요쿠'의 구용창, 중국에 새로운 미디어 세상을 열어준 '시나'의 차오궈웨이, 모두가 더 이상 큰 변화는 없을 거라고 안심하던 때에 단숨에 인터넷 보안을 석권한 '360'의 저우훙위, 이들 모두를 인터넷 시대의 영웅이라고 충분히 부를 수 있을 것 같다.

이대형 가장 중요한 인물을 한 명 빠트린 것 같다. 항저우 근처의 시골 마을에서 태어나 온갖 어려움을 이겨내며 성장해 중국의 소기업들을 돕겠다는 일념으로 굴지의 기업을 이뤄낸 '알리바바'의 마윈, 당신을 빼놓고 이야기할 수 없다고 생각한다. 그런 측면에서 마윈 당신의 별명은 무엇인가?

마윈 김용이 쓴《소오강호》에 등장하는 '풍청양'이 내가 선택한 별명이다.

이대형 나도《소오강호》를 정말 재미있게 읽었다. 별 볼 일 없었던 주인공 영호충에게 독고구검이라는 무공을 가르쳐 희대의 고수로 만들어 준 화산파의 은거 고수가 아닌가? 아직은 작고 보잘것없지만 그 안에 큰 잠재력을 품고 있는 중국의 소기업들을 지원하고 성장시켜 주겠다는 의미로 지은 별명인가?

마윈 원래 꿈보다 해몽이 좋은 것 같다. 감사하다. 말했듯이 알리바바는 '중소기업들이 더 쉽게 사업을 할 수 있도록 돕자'라는 사명을 가지고 시작되었다. 내가 풍청양이라는 별명을 고른 데는 분명 그런 의미를 가지고 있다.

이대형 알리바바라는 이름은 어떻게 짓게 되었나?

마윈 창업할 당시 자본금은 굉장히 적었지만 전 세계적인 기업으로 자리 잡는 것을 목표로 했기 때문에, 누구나 기억하기 쉽고 국제적인 느낌의 명칭이었으면 했다.
좋은 회사명을 짓기 위해 많은 고민을 하던 중 미국의

한 식당에서 갑자기 알리바바라는 단어가 생각났다. 식당 직원에게 알리바바를 아느냐고 물어보니 그 직원은 안다고 대답했을 뿐만 아니라 보물상자를 열기 위해선 "열려라 참깨"라는 주문을 외워야 한다는 이야기도 함께 알려 주었다. 그 후 만나는 사람들에게 알리바바를 아느냐 묻는 실험을 진행했고 그 결과 알리바바 이야기가 전 세계적으로 익숙한 소재임을 알았다. 또한 발음하기도 쉬워 '알리바바'라 짓게 되었다.
다만 당시에 캐나다의 한 사람이 이미 알리바바라는 이름을 등록해 둔 상태였는데, 50만 불의 자본금 중 1만 불을 지불하여 캐나다 사람으로부터 이름을 다시 사왔다.

이대형 현재 알리바바는 엄청난 규모의 기업이 되었는데, 도대체 얼마나 큰가?

마윈 1억이 넘는 이용자가 매일 우리 홈페이지를 방문한다. 내 아파트에서 18명으로 시작한 알리바바에 현재 3만 명의 직원들이 상주해 있으며 우린 직·간접적으로 1,400만 일자리를 창출해냈다. 15년 전과 비교해 볼 때 상상할 수 없을 정도로 매우 커졌지만 앞으로의 15년 후와 비교한다면 지금의 알리바바는 아직 아기에 불과할 것이다.

클릭 한 번으로 실크로드를 횡단하다

이대형 왜 알리바바를 창업하게 되었는가?

마윈 창업할 당시 중국은 개방과 함께 성장에 대한 강렬한 열망이 국가와 개인을 뒤덮고 있었다. 모두가 세계 시장으로 나아갈 수 있는 관문을 찾고 있었다. 값싸고 우수한 노동력이 도처에 널려 있었으나 언어, 통신, 문화, 국가 정책 등에 많은 문제를 겪고 있었다. 그러던 중 인터넷이 세상을 바꿔놓고 있음을 알게 되었고, 중국의 많은 소규모 기업들을 해외에 홍보하는 수단으로서 인터넷이 큰 도움이 될 것이라고 생각했다.

이대형 그때 당시 알리바바가 세계 최대 인터넷 기업으로 성장하고, 마윈 당신이 중국 최고의 부자가 될 것이라 상상했는가?

마윈 크게 성장할 수 있을 거라는 생각은 있었지만 그건 중요하게 생각했던 부분은 아니다. 오로지 내게 중요했던 점은 보다 많은 소규모 회사들이 성장하는 데 일조하는 방법이었다. 알리바바를 통해 그들이 알려지고 해외 바이어와 연결만 된다면 둘에게 윈윈Win-win인 결과를 가져다 줄 것이며 이로 인해 발생할 많은 매출만을 생각했다.

이대형 알리바바가 이렇게 성장할 수 있었던 이유는 무엇인가? 아니, 솔직히 말해 많은 사람들이 궁금해하는 점은 아마도 당신이 중국 최고의 부자가 될 수 있었던 비결에 관한 것일 것이다.

마윈 가장 큰 이유는 운이다. 우리는 인터넷이 있는 좋은 시대를 타고 났다. 좋은 파트너들, 훌륭한 직원들을 만날 수 있었던 것은 정말 크나큰 행운이었다.
또한 우리는 돈을 목적으로 삼지 않았다. 나는 지난 10년간 돈에 관한 이야기를 한 시간 이상 한 적이 단 한 번도 없다. 대신에 우리가 처음부터 생각해온 목표, 어떻게 하면 소규모 기업들이 시간과 거리 등의 물리적인 한계를 넘어 전 세계 시장에 제품을 홍보하고 판매하여 수익을 낼 수 있는 생태계를 만들 수 있을까 고민했다. 돈을 버는 것보다 구성원들과 함께 비전을 공유하고 달성하는 법에 관해서 고민했던 것이 성공의 가장 큰 원동력이었던 것 같다.

우리는 '멀리' 생각한다. 또한 중국은 '백년기업'을 특히 중요시한다. 알리바바가 1999년도에 성립되었고, 지난 세기에 1년, 이번 세기에 100년, 그렇게 다음 세기로 계속 이어지기를 희망한다. 현실성 없고 매우 멀어 보이는 목표로 보일 수도 있겠으나 이러한 관점은 우리를 더 고민하고 준비하게 만든다.

이대형 근래의 고민은 무엇인가?

마윈 근래의 고민을 언급하기에 앞서 우선적으로 알리바바의 사명에 대해 이야기하고 싶다. 알리바바를 창립할 때 우리는 '중소기업이 쉽게 사업을 할 수 있도록 돕자'라는 사명을 갖고 있었다. 그리고 결국 오늘날과 같이 수백만의 중소기업이 우리가 제공하는 플랫폼을 이용해 제품을 판매하게 되었다. 3억 명이 넘는 소비자들이 우리 사이트에서 물건을 구입한다. 그래서 나는 알리바바를 '전 세계에서 가장 쉽게 장사할 수 있는 공간'으로 만드는 법에 대해 항상 고민한다.

만일 우리가 노르웨이 상인의 제품을 아르헨티나에 판매할 수 있다면, 아르헨티나의 소비자들은 온라인으로 스위스 제품도 구입할 수 있을 것이다. 오늘날의 인터넷은 소기업들이 대륙과 대양을 넘나들며 그들의 제품을 판매할 수 있도록 도왔고 그 결과 국가 경계가 희미해졌다. 나는 중국 시장 외에 20억 소비자와 1,000만 소기업들에게 서비스를 제공할 수 있길 희망한다.

작년에 우리는 미국 워싱턴의 농민들이 약 300톤의 체리를 중국에 판매할 수 있도록 도왔다. 사실 우리가 판매를 시작하기 전에 체리는 미국 농장의 나무에서 잘 자라고 있었다. 그리고 우리의 플랫폼을 이용해 예약판매를 시작했고 중국의 8만 가정이 이 체리를 예약하게 되었다. 예약 판매시작 후 48시간 만에 미국 농장에서 자라나고 있던 체리는 빠른 속도로 중국 가정집 냉장고로 배달되었다.

이렇게 체리를 구입하게 된 소비자들은 만족해했다. 다만 3일 후 우리는 적지 않은 원망의 메시지를 받게 되었는데 '왜 100톤밖에 없냐, 왜 더 많은 체리를 소비자에게 제공할 수 없냐'는 내용이었다. 두 달 후 우리는 코스트코Costco를 끌어들여 300톤의 미국 견과류뿐만 아니라 알래스카의 싱싱한 해산물 또한 중국 소비자들에게 판매할 수 있게 되었다.

보라! 이처럼 우리가 미국의 체리와 견과물, 해산물을 중국 소비자들에게 팔 수 있다면, 미국이나 유럽 등 더 많은 국가의 중소기업들이 그들의 제품을 중국 소비자들에게 판매할 수 있도록 도울 수 있지 않겠는가? 중국 소비자들은 그들의 제품을 필요로 하고 있다. 아시아 및 발전 중인 국가의 20억 소비자, 우리는 그들에게 어떻게 하면 세계화된 온라인쇼핑을 손쉽게 즐길 수 있도록 서비스를 제공할 수 있을지에 관해 끊임없이 고민한다. 이것이 나의 가장 큰 고민이자 목표이다.

텐센트 마화텅
끊임없이 혁신하라

마화텅 马化腾·Pony Ma | 1971~

텐센트 내에서의 마화텅은 CEO일 뿐만 아니라 프로덕트 매니저이자 UX디자이너다. 그는 1971년 10월 광둥성廣東省 산터우汕頭시의 한 부유한 가정에서 태어났다. 선전대학에서 컴퓨터공학을 공부한 뒤 졸업 후 종합통신서비스 제공업체인 선전룬쉰潤迅통신발전유한공사에서 소프트웨어 엔지니어로서 사회에 첫 발을 내딛었다.

1998년 마화텅은 선전대학 컴퓨터학과 동문인 장즈둥張志東과 함께 텐센트를 창업했다. 텐센트는 먼저 OICQ라는 메신저 프로그램을 출시했고 1년 후 100만 명의 유저를 모으면서 가장 큰 메시징 소프트웨어로 성장했다. 하지만 2000년에 OICQ가 저작권 침해로 미국 AOL에 고소를 당해 QQ로 이름을 바꾸게 되었다.

유저 수가 증가했음에도 불구하고 금전적 측면에서 거대한 유저 수를 감당할 수 없었던 마화텅은 마침내 홍콩 PCCW와 미국 IDG에 40%의 지분을 주고 220만 달러를 투자 받았다. 하지만 막대한 유지보수 비용으로 인해 텐센트는 또 다시 위기에 빠졌다. 투자 받은 자금 220만 달러는 이미 소진된 상태였다. 이때 텐센트에게 남아프리카공화국의 미디어 그룹 내스퍼스Naspers가 구원의 손길을 내밀었으나 텐센트는 이전 두 개의 회사에게 넘겼던 40%의 지분 외에 더 이상 매각하길 원치 않았다. 그런데 때마침 PCCW가 홍콩전신과의 합병을 위해 필요한 자금 때문에 MIH에 텐센트의 지분을 양도하면서 거래가 성사될 수 있었다. MIH는 PCCW가 가진 지분 20% 전체와 IDG가 가진 지분 중 12.8%를 합하여 총 32.8%의 지분을 1,260만 달러에 매입했다.

2010년 텐센트는 모바일 앱 웨이신을 개발했고 나중에 위챗으로 이름을 변경해 2011년 초에 공식 런칭했다. 2011년 QQ가 10억 명의 유저를 확보하면서 텐센트는 중국의 가장 큰 인터넷 서비스 공급자 중 하나로 발전하게 됐다. 현재 텐센트는 QQ와 위챗 플랫폼 유저들을 기반으로 금융, 게임 퍼블리싱, 광고, 모바일 서비스 등에 진출해 구글, 아마존에 이은 세계 3대 인터넷 기업으로 도약했다. 특히 게임 퍼블리싱 분야에서 많은 수익을 창출하고 있는데 2014년 약 72억 달러의 매출을 기록하며 소니를 제치고 전 세계 게임시장에서 가장 많은 돈을 번 기업으로 자리매김하였다.

위챗,
중국 대륙을 흔들다

이대형　텐센트는 정말 대단하다.

마화텅　왜 그렇게 생각하는가?

이대형　위챗의 성공 때문이다. 어마어마한 위챗 사용자 수와 트래픽은 성과일 뿐이고, 내가 정말 대단하다고 생각하는 것은 QQ라는 PC 온라인 메신저를 가지고 있는 텐센트가 모바일 시장에서 위챗을 성공시킨 그 과정이다. 텐센트 정도의 큰 회사가 어떻게 내부에서부터 자기 파괴적인 혁신을 이루어낼 수 있었는지 궁금하다.

마화텅　위챗을 한국의 카카오톡이나 미국 왓츠앱의 카피캣 제품 중 하나로 폄하하는 사람들도 많은데, 당신은 흥미로운 관점을 가지고 있는 듯하다.

이대형　한국에서 카카오톡이 처음 나왔을 때, 많은 사람들은 성공할 수 없을 것이라고 여겼다. 이미 네이트온이라는

PC 메신저가 막대한 사용자 수를 가지고 있었고, 네이트온이 모바일에 진출하면 결국 그들이 시장을 장악할 것이라는 게 공통된 의견이었다. 그렇지만 네이트온의 모바일 버전이 출시된 후 결과는 완전히 달라졌다.

마화텅 그때 한국의 모바일 시장에는 어떤 일이 있었나? 당시 신생기업이었던 카카오는 어떻게 네이트온을 비롯한 다른 모바일 메신저 서비스들을 물리칠 수 있었는가?

이대형 막대한 PC 사용자 기반을 가진 네이트온, 한국의 양대 포털산맥인 네이버의 네이버톡, 다음의 마이피플, 카카오보다 훨씬 빠르게 유저 수를 모았던 인포뱅크의 엠엔톡, 10대들을 타깃으로 한 틱톡, 나중에는 한국의 이동통신 3사가 연합한 조이챗까지. 한국의 모바일 메신저 시장의 경쟁은 정말로 치열했다.

마화텅 카카오의 가장 큰 강점은 무엇이었나?

이대형 카카오는 제일 빠른 것도 아니었고, 제일 돈이 많거나 활용할 수 있는 유저풀이 있었던 것도 아니었다. 당시 네이트온이나 마이피플이 PC 시절에 확보한 사용자 기반을 살리기 위해 유저 통합, 인증을 고민하면서 시간을 끌고 있을 때, 카카오는 스타트업 기업답게 빠르고 과감한 시장 진출을 통해 다른 경쟁자들을 물리칠 수 있었다. 아이러니하게도 가진 게 없었기 때문에 '빠른 혁신'에 '최대의 집중력'을 발휘할 수 있었다고 본다.
나는 여기서 텐센트의 대단함을 느낀다. 텐센트는 중국의 네이트온(실제로는 그보다 훨씬 더 막강하고 대단하지만)이라 할 수 있는 QQ라는 PC 기반의 사용자 기반을 가지고 있었는데, 어떻게 위챗을 성공시킬 수 있었는지 너무 궁금하다.

마화텅 중국의 모바일 메신저 시장의 경쟁도 엄청났었다. 2010년 10월에 Kik이라는 모바일 메신저가 등장하면서 한 달 만에 백만 명의 유저를 모으며 시장의 관심을 모았다. 위챗의 개발은 Kik이 나오고 한달 후인 2010년 11월 19일에 정식으로 시작됐다. 2011년 1월 21일 처음 위챗의 iOS 버전이 출시되었는데, 샤오미의 미챗이 한 달 먼저 출시돼 더 큰 관심을 받고 있었다. 또한 개심工具市场由于开心의 '비두飞豆', 성대盛大의 '유니有你', 360奇虎의 '편지口信' 등 비슷한 기능을 가진 메신저가 엄청나게 쏟아져 나왔다.

이대형 이미 모바일QQ도 자리를 잡고 있어서 위챗이 성공한다고 하더라도 QQ가 쌓아놓은 사용자 기반을 파괴할 것이라는 내부 반발, 예컨대 밥그릇 싸움이나 견제가 있었을 것 같은데 어떻게 극복했는가? 실제로 한국의 네이트온이나 마이피플 같은 경우도 이러한 혁신기업의 딜레마로 인해 좌절된 바가 있는데, 텐센트라는 어마어마하게 큰 기업에서 스타트업을 능가하는 변화와 속도를 냈다는 게 신기할 정도이다.

마화텅 실제로 위챗이라는 프로젝트가 화려하게 시작된 것은 아니었다. 광주 연구부의 부사장이었던 장샤오강이 어느 날 메일을 한 통 보내와 전화번호부를 기반으로 한 모바일 메신저 프로젝트를 진행해 보고 싶다고 했었다. 광주 연구부는 QQ메일의 개발을 담당하고 있었는데, 이전에 메신저 서비스나 모바일 앱의 개발 경험을 가진 개발자들도 아니었다. 하지만 '어차피 세상일은 모르는 거다'라고 생각해 허락했다. 처음 위챗1.0이 출시되었을 때 사용자 수가 빠르게 증가하지는 못했다. 모바일QQ에서 다 되는 기능이었을 뿐만 아니라 모바일QQ의 경우 이미 엄청난 사용자 기반과 유입채널을 가지고 있는 상태였기 때문에 위챗 프로젝트 자체를 달가워하지 않는 사람들도 많았다. 장샤오강을 비롯한 개발팀들도 이러한 이유로 많이 힘들어했는데, 개발팀에서는 "실패해도 괜찮다, 텐센트의 잠재적인 경쟁자들을 이해할 수 있다"라며 자주 이야기했다고 한다.

이대형 그러한 무관심이 결국 혁신의 원동력이 되었을 것 같다. 처음부터 폭발적인 성공을 거두었다면 아마 QQ를 담당하는 부서에서 "메신저는 내 밥그릇이니까 너네는 메일이나 만들라"고 공격하거나 시스템 통합을 요구하여 개발속도를 더디게 했을 수도 있었을 것 같다. 어쨌든 내부에서 이러한 시도가 자발적으로 생겨날 수 있고, 기득권을 가지고 있는 조직들의 견제를 넘어서서 내부경쟁을 할 수 있다는 것은 훌륭한 기업문화라고 생각된다. 어떻게 이러한 조직문화를 가질 수 있었다고 보는가? 한국 사람들은 중국의 큰 조직들이 대부분 만만디慢慢的에 부패했다는 편견을 가지고 있다.

마화텅 한두 마디로 정의하기 어려운 부분이지만 아마도 텐센트의 성장과정이 기업정신으로 자리잡은 게 아닐까. 단호하게 밀고나가 결국 성취해내고 보다 뛰어난 것을 계속해서 추구하는 것, 그게 텐센트의 힘이다.

성장하는 기업의 절대원칙 3가지를 말하다

이대형 위챗이 대륙을 뒤흔들 수 있었던 '진짜' 성장과정에 대해 설명해달라.

마화텅 위챗이 성장하는 데 세 번의 변곡점이 있었다. 첫 번째는 '음성기능'이다. 2011년 4월에 talkbox가 갑자기 돌풍을 일으켜, 음성을 녹음해 파일로 전송하는 기능을 넣기로 결정했고 개발팀이 몇날며칠 밤을 새면서까지 개발에 박차를 가한 결과 5월 10일 위챗2.0 버전 출시에 해당 기능을 포함시킬 수 있었다. 음성기능이 유저 수를 크게 늘렸던 것은 아니지만 이용자들의 만족도는 굉장히 컸다. 유저들의 요구를 섬세하게 파악하여 빠르게 적용했던 것이 핵심이었던 것 같다.

두 번째 변곡점은 8월 초 위챗2.5 버전에 출시된 '친구찾기 기능'과 10월 초 3.0 버전에 포함된 '흔들기', '표류병 기능'이었다. 친구찾기 기능은 근방에 있는 위챗 유저들의 프로필, 거리 등을 파악할 수 있었고 친밀한 사람들끼리의 교류에서 낯선 사람들로 교류를 확대하는 기회를 가져왔다. 흔들기는 동시에 흔들고 있는 위챗 친구들을 연결시켜 주었고, 표류병 기능을 통해 다른 누군가가 전달한 메시지를 받았는데 모든 유저들이 즐거워했다.

세 번째 변곡점은 '모멘트'였다. 2012년 4월 19일 위챗4.0 버전에 포함된 기능이다. 위챗4.0 버전은 사진을 모멘트로 공유할 수 있고, 위챗 주소록의 친구들이 볼 수 있을 뿐만 아니라 평가도 하고 글도 남길 수 있다. 동시에 위챗은 인터페이스를 개방하여 제3의 애플리케이션이 위챗 주소록의 친구와 음악, 신문, 맛집 등을 공유할 수 있게 하였다. 이쯤 되어 위챗의 유저는 1억을 넘어서게 되었다.

이대형 너무 대단하다. Kik이나 talkbox에서 얻은 영감을 서비스에 반영하는 데 3~4개월의 시간밖에 걸리지 않았다는 것은 웬만한 스타트업 저리 가라 할 정도로 놀랄 만큼 빠른 속도다. 대기업 대부분의 경우 자원이 많은 대신 행동이 느린 편인데, 텐센트는 아시아 내 가장 큰 인터넷 기업임에도 민첩하게 혁신을 이루어냈다.

나는 마화텅 당신과 대화를 나누면서 텐센트가 크게 성장할 수 있었던 원동력은 다음과 같다고 생각했다.

첫째, 창업자이자 대주주인 마화텅 본인이 인터넷 산업의 발전에 대해 뛰어난 안목을 가지고 회사가 나아가는 방향을 잘 이끌어가고 있다는 것이다. 그렇기 때문에 중요 의사결정이 빠르고 과감하게 이루어질 수 있다.
둘째, 내부경쟁이 건전하고 치열하게 이루어질 수 있는 기업환경이다. 이런 기업환경이 없었다면 위챗 프로젝트는 애초에 아이디어도 꺼내지 못했거나, 잘 되다가도 밥그릇 싸움에 휘말려 좌초되었을 것이다.
셋째, 어느새 텐센트는 하나의 인터넷 기업으로서뿐만 아니라 그 자체로 훌륭한 생태계를 이루어나가고 있다는 점이다. 난 장샤오강에 대해서 잘 모르지만 그가 직접 창업해 위챗을 개발하지 않고, 텐센트라는 우산 안에서 위챗 프로젝트를 시도해서 성공했다는 점이 인상 깊었다. 위챗 사례에서 보듯이 텐센트의 직원들과 관련 기업들은 텐센트의 플랫폼 안에서 기회를 얻고 많은 혁신을 시도함으로써 성장하고 있는 것 같다.

클레이튼 M. 크리스텐슨 교수의 《혁신기업의 딜레마The Innovator's Dilemma》에 따르면 성공한 기업들은 성공한 이유로 인해 실패하게 된다고 한다. 과거 이동통신사들은 위챗과 같은 새로운 커뮤니케이션 수단이 등장해 대세가 될 것임을 뻔히 알고 있었으나 통화료와 문자메시지의 수익이 굉장히 컸기 때문에 이를 포기할 수 없었다. 즉, 자기파괴를 통한 혁신에 실패한 것이다. 하지만 텐센트는 성공했다. 존경스럽다.

마화텅 좋게 봐 주어서 고맙지만, 이야기한 만큼 혁신을 반복해서 이뤄낼 수 있는 기업문화를 만드는 것이 쉽지는 않다. 텐센트에서도 매년 많은 사람들이 나가서 스타트업을 시작하다 보니 그들의 재능을 활용할 수 있도록 텐센트 출신의 스타트업을 지원해 주는 투자펀드가 따로 있을 정도다.

바이두 리옌훙

중국에서 구글을 격퇴할 때까지

리옌훙 李彦宏 · Robin Li | 1969~

리옌훙은 산시성山西省 · Shanxi의 공장 노동자 부모 아래에서 넷째로 태어났다. 북경대학교를 졸업한 후 미국으로 유학을 떠나 뉴욕주립대 버펄로캠퍼스 석사과정을 거쳤다. 컴퓨터공학을 전공한 그는 졸업하자마자 월스트리트와 실리콘밸리에서 일을 했다.

실리콘밸리의 인포시크infoseeK 수석 엔지니어였던 그는 인포시크가 디즈니사에 인수되기로 하자 그만두고 창업을 결심했다. 그리하여 중국으로 귀국해 함께 창업할 친구를 찾고, 다시 미국으로 넘어가 두 곳에서 120만 달러의 투자를 받아 1999년 말 바이두를 창업했다. 처음에는 포털에 검색 기술을 제공하는 역할을 했고 2001년쯤에는 바이두의 검색 기술을 사용하는 포털이 80%에 달했다. 하지만 이에 만족할 수 없었던 리옌훙은 독자적 플랫폼을 구축하기로 결심한다.

2001년 바이두닷컴이 문을 열었고 3년 만에 흑자로 돌아섰다. 2005년 그는 나스닥에 바이두를 성공적으로 상장시켰다. 2009년 8월, 바이두는 처음으로 세계 검색점유율에서 야후를 제치고 2인자의 자리에 올랐다. 2010년 1월 구글이 중국 정부의 검열에 반발해 중국 지사를 철수하자 바이두가 엄청난 반사이익을 챙기면서 중국 검색시장을 장악했다.

현재 바이두는 검색 외에 사업의 다각화를 위해 여러 가지 부문에 도전하고 있다. 검색, 유료콘텐츠 서비스, 모바일 클라우드, O2O 서비스 등이 대표적이며 R&D 확충에도 힘쓰고 있다. 바이두 아이와 무인자동차, 스마트자전거 등이 그 예이다. 리옌훙은 2008년 일본에 바이두 지사를 설립한 이후 한국 등 아시아 시장 진출도 계획하고 있다고 밝혔다.

바이두가
세계 최고의 기업 구글을 꺾고
성공할 수 있었던 99.9%의 파워

이대형 바이두는 구글을 밀어내고 현재 중국 검색시장의 80% 이상의 점유율을 보유한 중국 최대의 검색엔진이다. 바이두가 이토록 성공할 수 있었던 비결은 무엇인가?

리옌훙 바이두를 이렇게 성장시키기까지는 많은 사람들의 다양한 노력이 필요했다. 바이두의 검색 서비스가 초기에 자리 잡을 수 있었던 경쟁력은 사실 간단하다. 바로 중국어 검색이 잘 이루어졌다는 점이다. 특히 중국에서 가장 보편적으로 사용되는 '간체자'에 최적화된 검색방식과 검색결과 인덱스(index)를 제공했던 것이 가장 큰 힘을 발휘했다.
중국 내에서 구글이 바이두보다 2년 정도 빨리 자리를 잡았었고 바이두가 막 서비스를 제공할 때쯤 이미 구글은 중국을 포함해 전 세계적으로 가장 우수한 데이터베이스와 고도화된 기술을 구축한 상태였다. 하지만 중국인들이 사용하기엔 다소 불편한 검색시스템이었다. 아주 간단한 예로 바이두에서는 번체자나 알파벳을 입력하면 자동으로 사용자가 의도한 간체자를 자동으로 완성시켜서 검색할 수 있게 해 준다. 기술적으로 어려운 것은 아니지만, 사용자들이 체감상 느끼는 만족도로는 그 차이가 매우 크다고 할 수 있다.

이대형 구글 역시 베이징에 구글차이나를 설립하고 우수한 인재들을 채용해서 서비스 현지화에 많은 투자와 노력을 기울였다. 그럼에도 구글이 중국 현지화에 뒤처진 이유는 무엇이라고 생각하는가?

리옌훙 이것도 사실 너무 간단한 차이다. 구글차이나는 직원을 채용할 때 영어에 능통하거나 미국에서 교육받은 사람을 선호한다. 미국에서 교육받은 사람들은 미국 문화에 익숙할 뿐더러 영어에 능통하다거나 미국에 갔다 올 수 있는 기회가 있었다는 점 자체가 일반 중국인들의 생활 수준과 다름을 의미한다. 아무리 국적이 중국이라 하더라도 이런 사람들은 중국 인터넷 유저 대다수의 문화나 관습을 제대로 이해할 수 없다고 생각한다. 반면 바이두의 직원은 99.9%가 중국에서 성장한 사람들이다. 그렇기에 중국과 중국인에 대한 이해도가 높을 수밖에 없다. 외국 기업들은 중국에 위치하고 있어도 중국의 내면을 보지 못하고 있다.

중화검열공화국에서
살아남는 기업전략

이대형 중국 정부가 자국의 인터넷 산업을 보호하기 위해 외국 기업인 구글을 희생양 삼았다고 보는 시각도 많다. 이른바 구글은 인터넷 자유주의를 수호하는 정의의 세력이고, 중국 정부는 정보를 통제하고 검열하는 악의 세력이라는 시각이다. 이러한 시각에 대해서는 어떻게 생각하는가?

리옌훙 그러한 시각에 대해서는 잘 이해하고 있다. 인터넷 자유주의에 대한 중국 정부의 억압과 정보 통제를 바라보는 서양인들의 관점 중 일부는 맞고 일부는 틀리다.

물론 공산주의의 1당 독재와 부정부패, 빈부격차 등 사회적으로 많은 숙제를 가지고 있지만 합리적인 시스템을 갖추고 있고 생활과 사업을 하기에 안전하다. 이에 관해선 중국에서 살아 본 사람들은 대부분 인정할 것이라고 생각한다. 중국 사회와 정부는 발전하고 있고 변화하고 있다. 이러한 부분을 조금만 이해하면 중국 정부와 상생할 수 있는 길을 찾을 수 있을 텐데, 많은 외국 기업들은 이러한 점을 이해하지 못하고 스스로의 실패 원인을 중국의 비합리적인 시스템으로 돌리는 것 같아 안타깝다.

이대형 다소 민감한 질문인데 '외국 기업들이 중국의 사회시스템을 이해하지 못해서라거나, 중국인들에 대한 이해가 부족해서 실패한다'는 식의 논리는 일반화하기에 무리가 있다고 생각한다. 중국 인터넷 기업들은 중국의 철저한 보호 아래 성장해왔기 때문에 계속해서 정부가 같은 식의 기조를 유지한다면 중국 내에서의 성장이 정점에 달해 글로벌 시장으로 나아갈 경우 경쟁력을 크게 상실할 수도 있다고 본다. '온실 속의 화초'와 같이 말이다.

쉬운 예로 저작권 문제를 들 수 있는데 바이두가 2005년에 나스닥에 상장했을 때 불법 MP3 검색회사가 상장했다는 비아냥을 들었다. 바이두에서 비틀즈의 'Let it be'를 검색하면 바로 MP3 파일을 다운로드할 수 있는 링크가 제공됐는데, 이는 다른 나라에서 상상하기 힘든 일이다.

선진국들은 이미 90년대부터 음원 저작권에 대한 개념을 강화하여 저작권 침해에 대해 강력한 처벌을 내리기 시작해 많은 크리에이터들이 활발한 활동을 하는 데 큰 힘을 실어 주었다. 그 결과 수없이 많은 창의적 시도가 줄을 이었다. 문화 지배력이 전 세계적으로 영향을 끼치는 계기가 된 것이다. 한국같이 작은 나라에서 PSY의 '강남스타일'이 전 세계를 강타했는데, 중국에서 이러한 성공사례가 나올 수 있다고 보는가?

리옌홍 날카로운 지적이다. 많은 부분 동의하는데, 다른 관점이 있다는 것도 이야기해 보고 싶다. 중국은 정말 오랜 역사를 가지고 있었고 제도, 사회, 경제, 문화, 과학 모든 면에서 항상 전 세계를 선도하며 주변 국가에 많은 영향을 끼쳤다. 근대화 이후 백 년 정도를 제외하곤 말이다. 그 기간 동안 중국은 후진국이었고 식민지와 다름없는 어려움을 겪었다. 그렇지만 과거 중국이 외세의 침략으로 어려움을 겪었던 시기 그러니까 여진, 거란, 몽고의 침략을 받았을 때 중국은 위태로웠지만 결국 그들을 포용하고 압도하며 발전해왔다. 이러한 관점에서 볼 때, 현재 중국 인터넷 산업의 면면은 다소 비정상적이고 위태로워 보이는 부분이 있지만 결국 좋은 방향으로 발전할 것이라고 본다.

이대형 그렇다면 음원 저작권이 아닌 인터넷 서비스를 이야기해 보자. 바이두의 초기 검색서비스를 보면 구글과 유사한 면이 굉장히 많다. 아마존, 텐센트, 시나, 카이신왕 등 성공한 중국 인터넷 서비스들의 대부분은 미국 것을 카피했을 뿐 어떤 창의성도 찾아볼 수 없다는 주장이 있다. 그래서 창의력을 기르는 일보다 영어를 잘하는 것이 오히려 더 낫다고 이야기하는데 어떻게 생각하는가?

리옌훙 예전에 우리도 미국에서 오랜 기간 생활했고 돌아와서는 창업을 했다. 미국에서 일어났던 많은 일들이 중국에서도 언젠간 일어나겠지라는 예측 아래 새로운 사업을 구상했고 많은 성공을 거두었다. 지금 와서 보니 중국 인터넷 사용자 수가 일찌감치 미국을 앞지르고 세계 1위를 차지하고 있었다. 우리가 가장 큰 시장을 이루고 있다는 뜻이다. 그러므로 미국에서 일어나지 않았던 새로운 문제들이 우리 시장에서 먼저 발생할 수도 있고, 우리가 먼저 해결할 수도 있으며 이 과정에서 또 다른 새로운 것들을 발견할 수도 있다. 수없이 많은 창의적인 것들이 이러한 과정 안에서 창출되리라 생각한다.

예컨대 근래에 알리바바가 전국 어디로든 모든 상품을 하루 안에 배송하겠다는 목표를 세우고 물류시스템을 개편해 드론 배송을 도입하겠다고 했는데 이는 전 세계 최초의 시도이다. 알리바바가 이를 성공시키면 앞으로 전 세계 모든 전자상거래 기업에 영향을 주게 될 것이다.

이대형 얼마 전 인공지능 분야의 권위자인 앤드류 응(Andrew Ng)을 비롯해 구글에서 여러 핵심 엔지니어들을 스카우트하고 몇 억 달러를 들여 실리콘밸리에 연구소를 세웠다. 약간의 과장을 덧붙여서 구글과 함께 전 세계 검색 시장을 양분하고 있는 바이두가 본격적인 전쟁에 돌입하기 위한 준비를 시작했다고도 이야기하는데 그러한가?

리옌훙 기업 간 경쟁의 최후단계는 인재경쟁이라고 생각한다. 바이두의 직원들 개개인의 역량이 세계 최고가 되어야 바이두도 세계 최고가 될 수 있다고 믿는다. 그래서 우리는 전 세계의 우수한 인재들을 계속해서 찾고 있다. 물론 나는 바이두에서 제일 똑똑한 사람이 아니다. 단지 위험을 무릅쓰고 처음으로 이 사업을 시작한 것뿐이다. 그렇기 때문에 나 다음에 바이두에 들어오는 사람들은 나보다 더 뛰어나기를 바란다. 구글과의 전쟁에서 이기는 방법은 중국이든 미국이든 결국 인재경쟁에서 승리하는 것이다.

이대형　구글과의 인재경쟁에서 승리할 자신이 있는가? 구글의 핵심 엔지니어를 스카우트하는 것 이상의 전략을 갖고 있다면 알려달라.

리옌홍　사실 전략이라고 부르기엔 너무 간단하지만 확실한 방법이 하나 있다.

이대형　더 많은 돈을 주는 것인가?

리옌홍　구글은 바이두보다 훨씬 돈이 많은 기업이다. 우리도 적지 않은 수익을 내고 있지만 구글과 비교할 바는 아니다.

이대형　그렇다면 그 방법은 무엇인가?

리옌홍　더 큰 도전의 기회를 제공하는 것이다. 바이두는 인프라의 부족, 정부의 규제, 다른 언어와 문화 등 척박한 중국 인터넷 시장에서 많은 제약을 극복하고 성장한 경험이 있다. 미국의 인터넷 기업들이 경험해 본 적 없는 문제들을 우리가 해결해냈다. 계속해서 더 큰 도전들이 우리를 기다리고 있을 것이다.

이대형 한국의 많은 인터넷 기업들에 들려주고 싶은 이야기다. 나 역시 내가 운영하고 있는 기업의 인재들에게 도전의 기회와 자극을 주고 있는지 생각해 봐야겠다.

샤오미 레이쥔

자신만의 생태계를 구축하라

레이쥔 雷军 · Lei Jun | 1969~

샤오미의 창업자 레이쥔은 대기만성형 기업가이다. 1990년 우한대학교 3학년에 재학 중일 때 창업을 하여 실패를 맛보았고 22살이 되던 1992년에 중국의 한글과컴퓨터라 할 수 있는 킹소프트에 여섯 번째 직원으로 합류하여 1998년도에는 CEO에 올랐다. 당대의 인터넷 영웅이었던 텐센트 마화텅이나 바이두 리옌훙이 창업을 고민하고 있었던 시기에 그는 이미 창업의 실패와 소프트웨어 회사의 경영자로서 엄격한 훈련을 거친 셈이었다. 인터넷 산업의 기회를 초창기부터 이해하고 있던 레이쥔은 2000년 초부터 온라인게임 개발과 전자상거래에 과감한 투자를 했지만 뚜렷한 성과를 내지 못한 채 IPO에 4번의 실패를 하게 된다. 업계의 후배라고 할 수 있는 텐센트, 바이두, 알리바바가 승승장구하던 것과는 대조적인 모습이었다.

2007년 12월 킹소프트를 사임한 그는 UCWeb을 비롯한 20여 개의 스타트업 기업에 투자를 하며 엔젤투자자로 왕성하게 활동했다. 레이쥔이 2010년 4월에 샤오미를 창업했을 때도 큰 주목을 받지는 못하였다. 당시 샤오미는 수많은 스마트폰 제조사 중 하나일 뿐이었기 때문이다. 그러나 2011년 8월에 첫 번째 스마트폰을 출시하기 시작한 샤오미는 2011년 30만 대에서 이듬해 6,112만 대로 200배 이상 판매량이 급증해 불과 3년 만에 삼성, 애플과 더불어 전 세계에서 세 번째로 큰 스마트폰 제조사로 성장하였고, 2010년 2억 5,000만 달러에 불과했던 샤오미의 기업가치가 2014년에는 450억 달러로 4년 만에 200배 가까이 폭등했다. 이 같은 성과를 바탕으로 샤오미는 바로 다음 해에 11억 달러의 투자를 유치했다.[3)]

3) 출처: 정지영 기자(2015). "4년만에 기업가치 200배 성장… 中 샤오미 성공비결과 약점은?". 동아닷컴. http://news.donga.com/List/3/all/20150327/70366607/1. (2015.03.27.).

애플이 주목하는 기업, 샤오미

이대형 샤오미가 점점 국제적으로 화제가 되고 있다. 최근 애플 CEO 팀 쿡Tim Cook이 강력한 적수로 직접 지목할 만큼 입지가 높아지고 있는데 도대체 샤오미는 어떤 기업인가?

레이쥔 한 마디로 말해 샤오미는 인터넷 기업이다. 사람들은 우리의 스마트폰 판매를 보고 단순히 단말기 제조 기업이라 판단할 수 있겠으나 창립 후 샤오미가 가장 먼저 한 일은 구글이 공개한 안드로이드 운영체제를 중국인들의 성향에 맞게 최적화해 변형한 'MIUI'를 만들어낸 것이다. 우리는 인터넷으로 'MIUI'를 무료 공개해 초기 사용자들을 모았고 그들은 샤오미 제품을 열렬히 지지하는 팬덤인 '미펀'으로 성장했다. 이런 사용자 기반으로 샤오미폰을 판매할 수 있었다. 우리는 철저히 '인터넷 방식'을 통해 스마트폰 사업을 진행해왔다.

이대형 당신이 말하는 '인터넷 방식'에 대해 좀 더 구체적으로 설명해 달라.

레이쥔 다음 네 가지 키워드로 정리할 수 있을 것 같다. 집중, 극치, 빠른 속도, 입소문이다. 먼저 '집중'이란 Less is more, 단순함의 미학이란 것이다. 애플은 여태까지 6개의 아이폰iPhone만을 선보였고, 아이폰과 아이패드iPad만으로 수익의 75%를 거둬들이고 있다. 아이폰이 전 세계 스마트폰 시장의 73%에 달하는 수익을 가져가고 있으므로 삼성, 모토로라, HTC 등 기타 스마트폰 기업의 수익은 합쳐봐야 아이폰의 3분의1밖에 되지 않는다.

'극치'란 가장 잘할 수 있는 일을 하는 것이며, 남이 도달하지 못하는 경지에 이르는 것이다. 또한 남들이 보지 못한 것을 아주 잘 실행해내는 것이다. Mi1 개발에 착수했을 때 프로세서는 1.5G 듀얼코어였고 퀄컴, 샤프, 삼성, LG의 부품을 썼었다. 샤오미폰이 판매된 지 반 년이 지났지만 아직까지 시장에서 같은 사양의 휴대전화를 찾기가 어렵다.

우리는 샤오미폰이라는 하나의 제품에 '집중'함으로써 최고의 제품을 만들어냈고 이로써 '극치'를 이뤄낸 것이다.

이대형 '빠른 속도'와 '입소문'은 무엇인가?

레이쥔 인터넷 산업에서는 속도가 곧 힘이다. 빠르면 많은 문제를 덮을 수 있다. 기업이 빠르게 발전할 때는 대개 리스크가 작다. 그러나 속도가 느려지는 순간 모든 문제가 드러난다. 샤오미의 속도는 '빠른 반응, 빠른 교체, 빠른 수정'에서 나타난다. 사용자들의 의견을 재빨리 수집해 매주 휴대전화 마니아들에게 MIUI 베타 버전을 배포하고 있다. 마니아들이 테스트해 보고 의견을 주면 샤오미가 다시 피드백을 내놓는다. 이렇듯 인터넷 방식은 처음부터 완벽을 추구하지 않되 빠르게 발전시켜 나가는 것이 핵심이다.

'입소문'이란 사용자의 기대치를 뛰어넘음으로써 발생한다. 첫 제품이 출시되고 우리가 여러 포럼에 글을 남긴 후 '미펀'들의 입소문을 타고 전 세계로 퍼져 20여 개의 언어로 번역됐다. 어떻게 이런 일이 일어나게 된 걸까?
이는 사람들이 우리 제품에 대한 기대치가 전혀 없었기 때문에 발생한 일이다. 만약 기대치가 높았다면 이 제품이 좋다고 평가하지 않았을 것이다. 얼마 전 우리는 사은행사를 열어 30만 명의 샤오미폰 사용자에게 감사카드를 만들고 모두에게 100위안짜리 쿠폰을 아무 조건 없이 증정했다. 사용자들의 반응은 매우 좋았다. 그들의 입장에서는 휴대폰을 산 지 8개월이 지났는데도 샤오미가 100위안짜리 쿠폰을 준 것이다. 사용자들의 심리적 기대를 뛰어넘은 행사였다.

집중, 극치, 빠른 속도 모두를 충족시키면 즉, 제품을 잘 만들고 사용자들에게 만족스러운 체험을 선사한다면 입소문은 저절로 생겨날 것이다.

이대형 애플도 스마트폰 이외에 iOS를 만들었고 Safari, Siri 등 수많은 소프트웨어를 만들고 있다. 샤오미를 중국의 애플이라고 이해해도 되는가? 그리고 레이쥔 당신은 중국의 스티브 잡스라는 의미로 레이 잡스라 불리고 있다던데 이러한 평가에 대해선 어떻게 생각하는가?

레이쥔 애플은 대단한 기업이며 나 역시 스티브 잡스를 존경하므로 애플과 비교되는 일은 영광이라고 생각하지만 그러한 평가는 사양하겠다. 나는 나만의 철학과 방식으로 기업을 이끌어나가고 있다. 샤오미는 애플과는 완전히 다른 회사이다.

이대형 샤오미가 'MIUI'를 통해 구축한 생태계를 살펴보면 애플의 앱스토어Appstore나 아이튠즈Itunes의 플랫폼에 접속해 게임, 음악 등의 디지털 콘텐츠를 구매하는 것과 매우 유사함을 알 수 있다. 창업자가 아니라고 하는데도 다른 기업과 계속 비교해서 미안하지만 샤오미가 애플과 어떻게 다른지 설명해주었으면 한다.

레이쥔 철학이 다르므로 고객에게 전달하는 가치와 전략이 달라진다고 생각한다. 샤오미가 사용자들에게 판매하고 싶은 것은 '스마트폰'이 아니라 '사용자들이 참여할 수 있는 생태계'며 사용자들로부터 얻는 것은 '돈'이 아닌 '마음'이다. 우리는 사용자들이 오랫동안 샤오미의 생태계에 머물기를 원하고, 샤오미의 생태계가 제공하는 콘텐츠 및 서비스들로 하루 24시간의 대부분을 채우길 바란다. 그래서 애플을 비롯한 다른 스마트폰 제조사들이 상상할 수 없을 정도로 저렴한 가격에 제품을 판매하고 있다.

혹시 샤오미의 휴대용 충전기를 사용해 봤는가? 저렴한 동시에 성능도 좋다. 우리는 사용자들이 배터리 문제에서 자유로워져 더 오랜 시간 동안 샤오미의 생태계를 이용하길 바란다.

이렇게 봤을 때 애플이 '판매하고자 하는 것'은 결국 아이폰, 아이패드와 같은 '제품 그 자체'이고 애플의 '생태계'는 제품을 판매하기 위해 존재한다고 볼 수 있는 것이다.

이대형 당신은 그렇게 이야기하고 있지만 애플과의 큰 차이를 모르겠다. 애플이 혁신을 선도한 기업이니만큼 프리미엄을 누리기 위해서는 단말기를 비싸게 판매할 수밖에 없는 반면 샤오미는 후발주자이기 때문에 다른 전략을 취할 수밖에 없었다는 것이 맞는 설명 아닌가? 판매하고자 하는 제품이 다르다는 주장은 애플과 대외적인 대립 구도를 만들기 위한 PR전략일 뿐이라는 생각이 든다.

개방성·효율성을 갖춘 샤오미만의 독자적인 생태계

레이쥔 애플의 생태계는 폐쇄적이다. 혁신적인 기능과 디자인으로 유저들을 단번에 매료시킨 애플은 아이팟iPod을 기점으로 아이폰, 아이패드, 애플와치 등 모든 디바이스들이 아이튠즈와 아이클라우드Icloud를 통해 서로 연결되도록 이끌었다. 그리고 콘텐츠 제작자들은 앱스토어로 서비스를 제공한다. 이처럼 애플의 모든 제품과 서비스는 효율적으로 설계되어 통일성을 가지고 있으나 공급이 애플 하나로만 이루어지다 보니 폐쇄적일 수밖에 없다. 이러한 애플의 폐쇄성으로 인해 서비스를 누리고자 하는 사용자들은 값비싼 비용을 지불해야 한다는 점이 단점으로 부각된다.
반면 샤오미의 철학은 개방성을 지향한다. 한 예로 샤오미는 자체적인 마켓을 가지고 있지만 구글플레이와 같이 다른 안드로이드 마켓의 동시사용을 허용하고 있다.

이대형 그렇다면 샤오미의 생태계에 대한 철학은 구글에 좀 더 가깝다고 봐도 좋은가?

레이쥔 구글의 생태계는 개방적이지만 비효율적이다. 구글은 안드로이드 OS와 구글 메일, 구글+, 구글맵과 같이 소프트웨어 인프라만을 제공한다. 구글이 제공하는 인프라를 바탕으로 삼성 등과 같은 모바일 기기 제조사들은 안드로이드 스마트폰을 만들고, 통신사들은 정책을 반영하도록 가이드한다. 이처럼 구글의 생태계 안에서는 국가별·통신사별·단말기 제조사별로 각각 다른 특징들이 공존하고 있기 때문에 일관된 사용자 경험을 제공하는 데 있어 한계가 많고 콘텐츠 제작자들 또한 매우 바쁘다. 하지만 이와 같은 개방성이 제조사 간 경쟁을 유발시켜 보다 저렴한 가격을 제공할 수 있다는 것이 큰 장점으로 통한다.

애플 및 구글과 비교했을 때 샤오미는 개방성과 효율성을 모두 갖추고 있다. 샤오미는 스마트폰, TV, 라우터만을 개발하고 있지만 투자를 통해 많은 파트너회사들이 샤오미의 브랜드를 이용해 혁신적인 제품들을 만들고 있기 때문이다. 이와 같은 샤오미의 독자적인 생태계는 전 세계 유저들에게 공통된 사용자 경험을 제공함으로써 애플과 흡사한 단계를 밟고 있는 듯하나 MIUI OS의 경우는 안드로이드와의 호환으로 안드로이드앱 대부분을 그대로 사용할 수 있도록 만들었다.

이대형 애플과의 경쟁과 관련해 마지막으로 하고 싶은 질문이 있다. 샤오미는 애플을 이길 수 있다고 생각하는가?

레이쥔 애플은 30년 동안 쌓인 브랜드 영향력과 함께 엄청난 성공을 이루어낸 기업이다. 많은 사람들이 '어떻게 하면 애플보다 더 잘할 수 있을지'에 관해 떠든다. 하지만 솔직히 말해서 어떻게 나오자마자 애플을 뛰어넘을 수 있겠는가? 이는 불가능하다. 지난 5년간 애플 휴대폰은 바뀐 적이 없다. 그 방식은 신의 방식이라 할 수 있을 정도다. 결코 우리가 따라할 수 있는 것이 아니다.

이대형 요새 이슈가 되고 있는 특허 문제에 대해 질문해 보고 싶다. 많은 사람들이 '샤오미의 최대경쟁력은 적극적인 카피를 통한 R&D 비용의 절감과 특허권 및 디자인 도용으로 구축된 가격경쟁력'이라고 이야기한다. 어떻게 생각하는가?

레이쥔 표절 논란copycat discussion은 식상하다. 디자인에 관해서는 얼마 전 우리가 새로이 출시한 Mi Note를 한 번 본다면 그런 의문이 사라질 것이다. 우리의 디자인은 혁신적이고 그 어느 회사의 것과도 유사하다고 할 수 없다.

이대형 그런가? 솔직히 Mi Note의 디자인은 애플의 IPhone 6 플러스와 굉장히 유사하다는 느낌을 준다. 애플의 디자이너헤드인 조나단 아이브Jonathan Ive 역시 게으른 도둑질이라며 샤오미를 크게 비난하기도 했다. 일단 당신의 입장 정리에 대해서는 잘 이해했다.

사실 이 문제에 대해 표절이니 아니니를 따지는 것은 감정 소모일 뿐 무의미하다고 생각한다. 법적인 판단은 각국의 법원이, 감정적인 판단은 소비자가 내려줄 것이라 본다. 그렇지만 샤오미가 앞으로 전 세계로 시장을 확대해 나가는 면에 있어 특허 문제가 큰 걸림돌이 되고 있음은 사실인 것 같다. 얼마 전 에릭슨으로부터 통신과 관련된 특허를 침해했다는 소송과 함께 인도에서 판매 가처분 신청을 받지 않았는가?

레이쥔 표절 논란과 관련하여 법적 정의와 실질적 정의 두 가지에 대한 논의가 필요하다고 본다. 애플은 현재 삼성과도 디자인과 관련된 소송을 진행하고 있다. 스마트폰이라는 게 다 보는 각도에 따라 모두 비슷하게 생겼다고 주장할 수 있는데, 이는 곧 제품의 표현범위가 좁다는 뜻과도 일맥상통하다.

이렇게 제품의 표현범위가 좁은 시장에 선진입한 애플과 같은 사업자들이 모든 권리를 가져갈 수 있다고 주장하는 바가 과연 공정경쟁이라는 사회정의 측면에서 옳은 것인가. 기술 특허와 관련해선 에릭슨이나 모토로라, 노키아 등의 기업은 특허공룡이라고 할 수 있을 정도로 시장에 진작부터 진입해 많은 특허를 가지고 있다. 또한 특허를 통해 후발주자를 견제해왔고 현재 실질적 비즈니스가 아닌 특허소송으로 이른바 삥 뜯듯이 자사를 운영해 나가고 있다. 이 역시 과연 사회정의에 부합하는가와 같은 의문을 제기하는 관점도 있음을 알려주고 싶다. 이러한 쟁점으로 서로 다투기 시작해 그동안 낭비한 사회적 비용도 만만치 않다.

이대형 표절 논란과 함께 업계의 다양한 사람들과 이야기해 보면 샤오미의 미래를 비관적으로 보는 시각도 많다. 요약해 보면 스마트폰 시장의 경쟁이 점점 치열해지는데 샤오미의 내부역량이 소프트웨어에 집중돼 있어 하드웨어 제조 분야에서는 핵심 경쟁력이 부재하다는 것이다.
중국 내 스마트폰의 AS 조사에서도 13개 브랜드 중 샤오미가 HTC와 함께 최하위를 기록하기도 했는데, AS 품질 면에서 다른 글로벌 기업과 비교를 많이 당한다.
그렇지만 나는 샤오미의 미래를 굉장히 긍정적으로 보고 있다. 전 세계의 스마트폰 제조사 중에 하드웨어-소프트웨어-플랫폼-콘텐츠로 이루어진 생태계를 구축한 기업은 애플 외에 샤오미가 유일하기 때문이다. 삼성은 규모 면에서 샤오미를 앞서고 있으나 위와 같은 생태계 구축에는 실패했다. 중국 시장을 발판으로 애플과 어깨를 나란히 하는 글로벌 기업으로 성장하기를 바라겠다.

시나 차오궈웨이

중국 정부의 인터넷 검열에서 살아남기

차오궈웨이 曹国伟 · Charles Chao | 1965~

차오궈웨이는 1965년 상하이에서 태어났다. 푸단대復旦大 신문학과를 졸업하고 상하이TV방송국에 취직한 그는 2년간 기자생활을 하다 미국으로 유학을 떠났다. 오클라호마시티대학교Oklahoma City University에서 신문학 석사를 마친 다음 텍사스대학교에서 재무학을 공부해 석사 학위를 받았다. 신문학에서 재무학으로 전공을 바꾼 후 미국 공인회계사로 활동했다.

1993년부터 1999년까지 차오궈웨이는 세계 굴지의 회계법인 PwCPrice Waterhouse Coopers에서 근무하며 실리콘밸리 하이테크기업의 회계감사 및 비즈니스 컨설팅을 담당했다. 그러던 중 1999년 9월 시나닷컴에 스카우트됐다. 차오궈웨이는 재무 부총재 직책으로 시나닷컴에 들어가 미국 상장을 총지휘했다. 8개월 만에 시나닷컴의 미국 상장을 성공시킨 후 그는 일을 그만두려 했으나 당시 시나닷컴의 CEO 왕즈둥이 그에게 CFO 자리와 부사장직을 제의했다. 2000~2001년 차오궈웨이는 왕옌汪延과 함께 미국의 네트워크 광고판매 방식을 그대로 따르던 기존 패턴을 버리고 중국 광고주 수요에 맞춘 시간

별, 총 재생횟수TS; Total Streams 방식을 채택해 광고주와 고객으로부터 큰 호응을 얻었다. 이러한 새로운 시도는 시나닷컴이 인터넷 광고시장에서 선두를 달리게 되는 초석이 되었다. 2003년 차오궈웨이가 직접 추진한 쉰룽訊龍, 왕싱網興과의 M&A로 무선시장의 후발주자인 시나닷컴은 단번에 선발주자들을 위협하는 존재로 성장해 안정적인 이윤을 창출했다. 2004년 6월 그는 시나닷컴 공동 운영책임자Co-COO를 겸임하면서 사이트 운영, 광고판매, 시장을 책임지게 되었다. 또한 차오궈웨이가 블로그 발전계획을 강력하게 밀어붙인 덕분에 시나닷컴은 블로그 분야에서 큰 성공을 거두었다. 2005년 9월 그가 시나닷컴 총재로 승진하며 CFO를 겸임하게 되었고 2006년 5월 10일에는 시나닷컴 CEO가 되었다.

창업 멤버도 아니었고 지분을 가진 것도 아니었던 차오궈웨이가 CEO가 될 수 있었던 이유는 새로운 사업을 개척하는 일을 중시하고 도전에 대한 성과와 그 능력을 인정받았기 때문이었다.

중국의 소셜미디어는 젤리로 세운 만리장성?

이대형 시나의 웨이보가 중국 최대의 미디어로 성장했다. 시나 웨이보가 서비스를 시작했던 2009년도 이전의 중국 유저들은 트위터나 Fanfou, Jiawai 같은 마이크로블로그microblog를 사용하고 있었던 것으로 알고 있는데, 시나 웨이보가 오늘날처럼 크게 성장할 수 있었던 동력은 무엇인가?

차오궈웨이 사실 시나 웨이보가 중국의 첫 번째 웨이보[4]는 아니었다. Fanfou가 중국에서 최초의 트위터와 같은 마이크로블로그였는데, 2009년 초에 휴렛패커드Hewlett-Packard Company로부터 거액의 펀딩을 받아 승승장구하고 있었다.

그러던 중 2009년 7월에 신장위구르자치구의 우루무치 지역에서 위구르족들이 분리독립을 요구하면서 발생한 소요사태가 큰 전환점이 되었다. 이때 중국 정부는 언론을 통제하기 위해 유튜브나 트위터, 페이스북 등 국내외의 여러 SNS와 미디어 사이트를 중단시켰는데, Fanfou

4) '웨이보'는 중국어로 '마이크로블로그'를 의미한다.

역시 서비스가 중단되었다.

우루무치 사태를 유심히 지켜보던 시나 웨이보는 2009년 9월에 서비스를 시작하면서 중국 정부의 입장을 가장 빨리 반영하는 SNS로서 런칭될 수 있었다. 이것이 큰 기회였다고 본다.

이대형 해외 서비스인 트위터나 페이스북은 몰라도 국내 서비스였던 Fanfou 입장에서는 매우 억울했을 것 같다. 한편으로는 중국 정부의 통제력 또한 대단하다는 생각이 든다. 과거에 빌 클린턴Bill Clinton 미국 전 대통령이 인터넷을 통제하려는 중국 정부의 노력을 "젤리로 만리장성을 세우려는 시도와 다름없다"라고 이야기할 정도였는데, 서방의 예측과는 달리 규제에도 성공하고 성장도 이뤄내 두 마리 토끼를 다 잡은 모습과도 같다.

차오궈웨이 Fanfou의 건은 사업의 운이라 뭐라 언급하기가 어렵다. 다만 중국 정부의 인터넷 규제의 역사는 매우 오래되었다. 정부에서 인터넷을 검열하고 규제하면 인터넷 기업의 리스크가 증가할 뿐만 아니라 자유로운 기업활동이 제약되어 산업의 성장을 저해할 것이라는 서양 사람들의 우려와는 달리, 중국 인터넷 기업들은 힘든 상황에 적응해 마침내 정부와 공생하는 법을 찾은 것 같다.

이대형 외국 기업들은 '중국 정부가 자국의 산업을 보호하기 위해 다양한 제도를 만들어 외국 기업들의 사업자격을 제한하거나 일관되지 않은 정책으로 외국의 서비스를 중단시키고 있다'는 피해의식을 갖고 있다. 중국 정부의 이러한 방침이 중국 인터넷 기업 성장에 큰 도움을 주었다고 생각하는가?

차오궈웨이 그런 시선이 많다는 것은 알지만 동의하기 어렵다. 2009년에 Fanfou를 비롯해 중국 내 많은 SNS와 미디어 서비스가 중단되었다. 결국 중국의 서비스 환경을 잘 이해하고 대처하고 있느냐의 문제인데, 중국 내에서 활동하는 많은 기업들은 정부가 제공하는 서비스 환경에 알맞은 고려와 대응을 갖출 필요가 있다.

이대형 웨이보는 최대의 미디어로 자리잡았다. 이렇게 웨이보가 계속 성장했을 때 궁극적으로 어떤 모습이 될 것이라고 보는가?

차오궈웨이 아마 유저들이 모든 흥미로운 소식들을 웨이보라는 플랫폼을 통해 접하게 되지 않을까? 신문을 읽지 않아도 되고, TV를 보지 않아도 되고, 기타 다른 공개적인 방식을 통하지 않고서도 다양한 소식을 접할 수 있게 되는 모습일 것이다.

침대 위의 스마트폰 유저들을 집중 공략하라

이대형 사실 위챗이 등장하기 전까지 소셜 플랫폼으로서 웨이보의 입지는 독보적이었다. 위챗을 포함해 그 외 많은 소셜 플랫폼과의 경쟁에 대해서는 어떻게 생각하는가?

차오궈웨이 소셜네트워크 시장은 개방적이다. 시나, 텐센트, 트위터, 페이스북 등 많은 기업들이 소셜네트워크 시장에서 활동하고 있다. 이 각도로 바라봤을 때 소셜네트워크 시장은 크게 다원화·다극화되어 가는 추세이다. 웨이보와 위챗이 생기기 전에 중국의 소셜네트워크 시장은 QQ가 전부였지만 표현과 소통에 대한 욕구가 발생하면서 다양한 방식의 SNS가 생겨날 것으로 보이며 앞으로의 경쟁은 더더욱 치열해지고 복합적으로 변할 것이라 본다.

이대형 모바일 유저들의 규모가 커짐에 따라 유저들의 수요는 수직 상승했고, 소셜네트워크 시장은 갈수록 세분화되었다. 미래의 소셜네트워크 시장은 웨이보와 위챗만의 전쟁이 아닐 테지만 중요한 것은 자신의 자리를 확실히 지키는 점일 것 같다.

차오궈웨이 웨이보는 유저들이 필요로 하는 단 한 가지만 충족시킨다. 만일 어떤 소식을 올려 전 세계 사람들과 공유하고 싶다면 웨이보를 선택해라. 미국에서는 사용자가 공개적으로 메시지나 뉴스 내용을 알리고 싶을 땐 트위터를 선택하고, 사진을 공유하고 싶을 땐 인스타그램을, 영상을 공유하고 싶을 땐 유튜브를 선택한다. 이것이 내가 이야기하는 다원화된 소셜네트워크 시장의 모습이다.

이대형 웨이보의 가장 큰 경쟁상대는 누구인가?

차오궈웨이 당연히 위챗이다. 그렇지만 경쟁은 훨씬 더 입체적이다. 닌텐도의 가장 큰 경쟁자가 나이키라는 이야기가 있듯이 결국 하루 동안 유저들이 스마트폰을 사용하는 시간 중 얼마나 많은 시간을 차지해갈 수 있는지에 대해서 다른 모든 서비스와 경쟁을 하고 있는 것이다. 지난 1, 2년간 웨이보의 점유율에 가장 큰 영향을 준 것은 동영상과 게임의 출시이다. 왜냐하면 대부분의 웨이보 유저들이 저녁에 플레이를 하기 때문이다.

이대형 경쟁이 가장 치열한, 소위 황금시간대를 언제로 보고 있나?

차오궈웨이 잠자기 전이다. 하지만 전체적으로 봤을 때 모든 경쟁자들의 고민이 '잠자기 전 두 시간을 어떻게 쟁탈할 것이냐'에 있는 것은 아니라고 보고 있다. 이전 PC 시대에는 5~6억의 PC 유저가 있었고, 현 시대는 모바일의 발달로 전체 인터넷 유저 수가 빠른 속도로 10억까지 성장하고 있다. 결국 '어떤 제품'으로 이 새로운 5억의 유저가 필요로 하는 바를 '어떻게 만족시킬 것'인지가 중요한 쟁점이 되었다.

이대형 웨이보가 점점 미디어화되면서 SNS로서의 한계에 부딪치고 있는 게 아닌가 하는 비판적인 시각도 있다. 웨이보 이용자는 소수의 정보생산자와 다수의 정보소비자로 나뉘는데 이는 뉴스와 같은 과거 미디어 구조와 크게 다를 바가 없다. 게다가 얼마 전에는 중국 정부에서 발표한 '웨이보를 통해 잘못된 사실을 전파하면 처벌하겠다'라는 내용에 관해 SNS의 올바른 발전방향이 아니란 의견도 등장했다.

차오궈웨이 위챗을 많이 하면 관계가 깊어지고, 웨이보를 많이 하면 관계가 넓어진다는 말이 있다. SNS라고 해서 모두 똑같은 역할과 발전방향을 가져야 한다고 생각하지는 않는다. 웨이보가 신문과 같은 전통 미디어와 유사해진다고 볼 수도 있겠지만 그러한 전통 미디어를 대체해나가고 있다고 보는 것이 더 맞는 말인 것 같다. 신문 내용의 신뢰도는 신문사 및 신문기자의 브랜드에 있다. 하지만 신문사나 신문기자에게 영향력을 행사하려는 정부와 대기업 같은 주체가 있다 보니 요즘에는 아무도 뉴스를 믿지 않는다는 말도 심심찮게 나온다. 그렇지만 웨이보의 경우 유저들의 공감을 통해 공유가 이뤄지기 때문에 적극적으로 공유될수록 그 신뢰도는 점점 상승한다고 볼 수 있다.

이대형 2005년도에 설립된 허핑턴포스트가 오늘날 전 세계에서 가장 영향력 있는 미디어로 자리잡을 수 있었던 배경에는 SNS와 모바일의 등장으로 인해 뉴스의 생산·유통·소비 구조가 변화됐던 것이 큰 작용을 했다고 볼 수 있다. 신문사나 방송사가 편집과 노출의 권리를 독점하던 시대가 지나가고 독자들 스스로 블로그와 SNS를 통해 기사를 작성하고 공유와 검증에 참여할 수 있는 수평적인 미디어의 시대가 도래함을 알리고 있는 듯하다. 한국 역시 인신공격이나 명예훼손 등의 사이버폭력으로 인한 논란으로 아직 많은 규제들이 발목을 잡고 있긴 하지만 큰 방향에서는 많은 변화가 생기고 있다. 중국에서도 수평적 미디어 문화가 자리잡기를 바라며 웨이보가 큰 역할을 해 줄 것으로 기대하고 있다.

소후 장차오양

인터넷 영웅의 우울증 극복기

장차오양 张朝阳 · Charles Zhang | 1964~

장차오양은 1964년 산시성 시안西安 · Xi'an에서 태어났다. 어릴 때부터 '가장 우수한 사람이 되어야 한다'는 교육 아래 우수한 성적으로 17세에 청화대 물리학과에 입학했으며 졸업한 후에는 미국의 매사추세츠 공과대학교로 유학을 갔다. 대학시절에는 친구들과 함께 '누가 더 빨리 숙제를 완성했는지' 혹은 '누가 제일 공부를 오래 하는지' 등등처럼 끊임없이 시합을 했다고 한다.
1990년대 중반, 곳곳에서 인터넷이 활성화되기 시작했고 미국에서 박사 학위를 얻은 장차오양은 중국으로 돌아와 소후를 창립해 시나, 넷이즈와 함께 중국 초창기 인터넷회사로 어깨를 나란히 했다.

장차오양은 빠른 시간 내에 중국에서 스타 기업가가 되었다. 그 당시 사람들은 가수나 연예인보다 성공한 창업가에 대한 관심이 더 높았다. 그의 유명세는 전 세계 인터넷 영웅 50인(미국 타임지, 1998년 10월), 세계 25인의 새로운 창업자(포춘지, 2001년 5월)에 선정될 정도로 컸다.

그렇게 성공의 가도를 걷던 중 2012년 장차오양이 갑작스럽게 경영일선에서 물러나는 사건이 발생했다. 그는 일년 가까이 잠적하며 세상과 단절된 시간을 보내기 시작했다. 2011년부터 장차오양은 우울증으로 일상생활조차 할 수 없을 정도로 많은 스트레스에 시달렸고 이를 극복하기가 힘들었다고 이야기했다. 그가 세속과의 이별을 고한 2012년 중국에서는 '당신은 행복한가?'란 담론이 크게 유행했다. 급속도로 성장하고 있는 중국 사회에서 사람들의 스트레스는 증가했으나 행복도는 감소하고 있었다. 사회와의 단절을 선택했던 장차오양의 행동은 당시 중국의 담론과 마찬가지로 '행복'과 연관돼 있었다.

그는 자신에게 가장 슬펐던 해가 2012년이라고 표현했다. 초조하고, 우울하고, 다른 사람은 이해할 수 없는 공포감이 들었다고 한다.

다른 사람들의 눈에는 그저 '부와 명성을 둘 다 가진 멋진 기업가'였던 그에게 대체 무슨 일이 생겼기에 성공적이었던 사업과 회사관리도 포기하고 일 년간 사회와 단절되어 있었던 것일까? 장차오양과의 대화를 통해 진솔한 답변을 들어보도록 하자.

전 세계가 인정한
창업가 장차오양

이대형 2012년 용의 해를 가장 우울한 해였다고 표현했다. 슬픈 감정이 언제부터 당신의 생활에 다가왔는가? 또한 당신이 이러한 감정을 느끼고 있다는 사실을 어떻게 깨닫게 되었는가?

장차오양 허망함이 머릿속을 떠나질 않았다. 당시 아무도 만나고 싶지 않았고 혼자 있고 싶었다. 이러한 상태가 스스로를 공포에 떨게 만들었고 즉각적으로 사회에 대한 공포증으로 나타났다.

이대형 사람들과의 교류에서 어떠한 공포감이 생겼다고 말했는데, 제일 심했던 것은 무엇이었나?

장차오양 차마 표현할 수 없는 공포감들이다. 모든 사람들이 자기 내면에 있는 공포감은 말하고 싶어하지 않을 것 같다. 성공한 이후 유명해지면서 많은 미디어들이 따라다니고, 주위 사람들에게 쫓기고…… 이런 것들이 성공한

나 자신을 관리하는 데에 있어서 문제를 일으킨 것 같다. 성공한 사람은 어떤 일을 할 때 반드시 자신의 생각에 따라야 한다거나 완벽주의자가 되어야 한다는 식의 강박관념을 가지기 쉽다. 바로 결과를 컨트롤하려고 하는 것이다.

이대형　당시 아침에 일어나면 일하러 가기도 싫었겠다.

장차오양　맞다. 내 자신에게 문제가 생겼기 때문에 가고 싶지 않았다. 내가 어떻게 이런 생각을 할 수 있을까 싶었지만 스스로 해결할 수 있는 방법은 없어서 무섭고 괴로웠다. 당시 내 정신적인 문제들을 해결해야만 일에 집중할 수 있을 것이라고 생각했다. 그렇지 않으면 계속해서 불안한 상태가 지속될 것 같았다. 그래서 나는 회사 사람들에게 일을 못 하겠다고, 이것을 해결할 수 있는 방법을 찾아야겠다고 말했고 그들은 나를 이해해 주었다. 미국의 심리치료의사에게도 가 보는 등 많은 방법들을 총동원했고 결국 해결방안을 찾아냈다. 그 기간 동안에는 일을 많이 하지 않았다.

이대형　당신처럼 똑똑하고 의지력 강한 사람들이 어떻게 정신적인 우울함이나 초조함을 더 쉽게 얻을 수 있을까?

장차오양 성공에 도취되어 있었다. 게다가 주변에서 제어해 주는 사람이 없다 보니 여러 가지 내 행동에서 스스로도 놀랐던 적이 많았다.

이대형 당신은 돈도 많고 유명하다. 인정하는가?

장차오양 인정한다. 나는 좋은 교육을 받았고 돈도 있으며 유명하다. 또한 신흥산업에 종사하고 있고 중국에 인터넷을 들여왔다. 나는 행운아다. 당시 내가 받은 관심들, 사회에서 나에게 보여 준 존중과 우러름은 내게 깊은 인상을 안겨 주었다. 그리고 이런 것들이 나 스스로에게 일종의 허영심을 가지게 하였다. 겉으로는 겸손하게 행동했을지 모르지만 마음속으로는 굉장히 거만해져 있었다. 내가 만났던 다른 사람들이나 연예인 혹은 유명인들은 이런 종류의 거만함은 갖고 있지 않았을 것이다.

이대형 아마도 그들에게는 아내와 아이들이 있었기 때문일 것이다. 혹시 결혼을 두려워하는 것은 아닌가? 불교에서 흔히 '사람은 반드시 의지할 곳이 있어야 한다'라고 하는

데, 장차오양 당신이 결혼을 하지 않았기 때문에 발생한 문제가 아니었을까?

장차오양 예전에는 결혼이나 아이들을 반대하지 않았었다. 하지만 귀국한 뒤 점점 더 유명해질수록 굳이 결혼하지 않아도 되겠다는 생각이 들기 시작했다. 이것이 바로 유명세가 내게 가져다준 쓸데없는 생각 중 하나다. 만약 당신 마음이 의지할 곳이 생긴다면, 자비와 사랑 혹은 연민의 감정들로 인해 다른 사람에게 관심을 갖게 된다거나 사랑하게 되면, 예를 들어 당신의 아이나 사랑하는 사람, 여타 다른 사람들을 대상으로 말이다. 그렇게 되면 아마도 당신은 자기 자신에 대한 관심이 줄어들게 될 것이다. 내 경우 유명해지면서 돈도 많아졌으나 관심을 가질 만한 대상이 없었다. 그래서 나 자신에게 관심을 기울이기 시작했고 나중엔 심해져 마음의 병이 생겼다. 마음의 병이 심각해지면 일에 대한 의지가 사라지고 사회로부터 자기 자신을 점점 멀리 떨어뜨려놓게 만드는 것 같다.

이대형 인류가 생활함에 있어서 전통 생활방식의 지혜와 진리가 어디에 있는지 알았다고 생각하면 될 것 같다.

장차오양 맞다. 전통 풍습은 굉장히 지혜로운 것이다. 사람은 관례를 뛰어넘을 수 없다. 관례를 뛰어넘으려는 사람들 혹은 뛰어넘은 사람들의 최후는 모두 참혹하다.

빠르게 발전하는 사회 빠르게 불행해지는 현대인

이대형 당신이 예전에 다음과 같은 말을 한 적이 있다.
"중국 인터넷 시장의 첫 창업자로서, 나는 괴로울 만큼 괴로웠고 이젠 싫증이 난다."
다른 사람들은 이런 괴로움에 대하여 상상해 볼 수는 있지만 직접 겪어 볼 수는 없을 것이다. 1995년부터 오늘날까지의 발전과정에서 당신이 말한 괴로움 중 가장 기억에 남는 때는 언제인가?

장차오양 제일 힘들었던 때는 1999년이었다. 1999년에 두 번째로 투자를 받아 주주들 사이에서 나에 대한 신임이 낮아진 상태였다. 1998년에는 소후가 잘될 때 내 사업계획이 유출됐고, 1999년에는 시나가 우리에게 굉장히 큰 압박을 주었었다.

우리에게 1999년이란 경쟁자들에게 추월 당하고 주주들로부터 이를 이해받지 못해 CEO를 교체하자는 항의를 시도 때도 없이 받던 해였다. 그들은 종종 미국에서 사람을 데려와 자리에 앉혀 놓았는데 나는 그렇게 되면 회사는 곧 망하게 될 것이라고 예상했었다.

그래서 나는 회사에 대한 이런저런 일들을 다 관리하는 동시에 이사회와 싸우느라 굉장히 바쁜 시간들을 보내야만 했다. 투자를 감행한 주주들은 이해하지도 못하면서 괜히 이래라 저래라 말만 많았다. 나는 은행에 가야 했고, 정보 산업부에도 가야 했고, 그밖에 많은 일들을 처리해내야 했다. 동시에 매일매일을 CEO 자리에서 쫓겨날 지도 모른다는 압박감에 시달려야 했다.

2000년 4월 시나가 먼저 상장했는데, 상장하기 전 마지막 순간까지도 마음을 놓을 수가 없었다.

이대형 당시에는 어떤 기분이었는가? 낙심해 있었나?

장차오양 나는 겉으로는 아무렇지 않게 굉장히 꿋꿋하게 잘 견디는 것처럼 행동했지만, 불안한 마음에 너무 힘들었다. 그렇지만 다른 사람들이 눈에 띄게 의기소침해 있었으므로 그들을 다독이며 아무렇지 않게 행동했었다.

이대형 하지만 각종 미디어 및 국민들 앞에서의 활달한 모습이 창업 초기에 큰 성과를 거둘 수 있게 해 준 계기가 된 것 같다. 광고에 투자할 자본이 넉넉하지 않았던 창업 초기 때 사람들 앞에서 당신이 보여줬던 활발한 성격은 일종의 재주라고 하자. 이런 점들이 회사의 인지도를 굉장히 높여줬다.

장차오양 당시 미디어에 많은 심혈을 기울였었다. 마음이 급했었다. 기술적인 부분에서 시나에 많이 뒤떨어져 있었던데다가 갑자기 시나가 잘됐으니 안 되겠다 싶었다. 그래서 내가 직접 나서서 광고해야겠다 판단하고 대학교 순회강연을 포함해 하루에 다섯 번도 뛰었다. 이런 전략이 우리 브랜드의 인지도를 높이는 데 기여했다고 생각한다.

다만, 이렇게 중국에서 광고하고 다니는 내 모습을 본 몇몇 주주들이 '잘난 척하고 싶어서 미디어에 많은 시간을 쏟는다'고 오해해 CEO 자격에 어긋난다고 질책하기도 했다. 1999년부터 2003년까지 약 4년의 시간이 흐른 후 이사회와의 전쟁은 대부분 마무리되었다. 4년이라는 시간 동안 그들을 현지화시키는 데 많은 논쟁들이 있었다.

이대형 다시 전쟁터로 돌아왔는데, 상황은 더 치열해진 것 같다. 이제는 과거와 같이 스트레스를 받지 않고 일에 매진할 수 있을 것 같은가?

장차오양 사실 일에 대해서 지금은 담담한 상태이다. 예전의 내 목표는 돈을 많이 버는 것이었고, 어떻게 하면 자신을 더 위대하게 만들까 고민했다. 전과 같았다면 리옌훙이 나를 초월하는 모습을 보며 굉장히 초조해하고 스트레스를 많이 받았을 텐데 지금은 아무렇지 않다.

이대형 그러한 경쟁에서 담담해질 수 있다면 대가의 반열에 들었다고 봐도 좋을 것 같다. 은퇴할 생각은 안 해보았나?

장차오양 하하. 또 다른 변화에 관해 말하자면, 예전에는 경쟁이고 뭐고 다른 사람한테 소후를 맡긴 뒤 비행기 타고 파리에 가서 커피를 마시거나 모래사장에서 배구를 치거나 했을 것이다. 하지만 지금은 다른 생각을 가지고 있다. 우리가 매일 일을 하는 것은 더 많은 돈을 벌기 위함이 아니라 살아 있음을 증명하는 과정이라고 생각한다. 그래서 나는 이제 일을 하는 것이 인생의 큰 즐거움이라고 생각한다. 파리에 가서 커피를 마신다 한들 몇 잔이나 마실 수 있겠는가. 질리지 않겠는가?

이대형　예전의 장차오양과 오늘날의 장차오양에게는 차이가 있는지?

장치오양　굉장히 큰 차이가 있다. 지금의 나는 방금 전에 말했던 행복관에 더 가까워졌다. 겸손해졌고 세상과도 친해졌다. 예를 들어 내 기사와 함께 이야기를 나눈다든지, 아침식사를 하러 갔을 때 종업원과 수다를 떤다든지……
이제는 연말 축하문자에 빠짐없이 답장한다. 예전에는 절대 답장하지 않았다.
과거의 장차오양은 목적성이 굉장히 강했던 사람이었다. 파티에 참석했는데 다른 사람이 나와 일에 대한 이야기를 하면 속으로 '날 이용하고 싶어 하는구나'라고 생각했고, 여자가 말을 걸었는데 예쁘지 않으면 대꾸도 하지 않았다.

하지만 이제 나는 달라졌다. 우리 인생의 매 순간에는 수많은 의미가 담겨 있다. 그렇기 때문에 몇 분 전에 마주치거나 이야기를 나눈 사람들은 내 인생에 있어 매우 중요한 사람들이 된다. 마주치고 이야기를 나눔으로써 그들이 내 삶의 한 부분을 차지하게 되기 때문이다. 나는 이에 대해 매우 감사해하고 있다. 아마 이 점이 예전의 나와 지금의 나 사이에 가장 큰 차이점일 것이다. 좀 더 나은 미래를 위해 혹은 미래에 더 좋은 영향을 불러일으키기 위해 어떻게 해야 하는가, 그것은 내게 얼마나 큰 영향력을 끼치는가 등등에 더 이상 신경쓰지 않는다. 지금 이 순간, 오롯이 감사한 마음에만 집중한다.

예전에는 돈이 많을수록, 보다 더 유명해질수록 행복해질 거라 믿었다. 비행기를 바꿔가며 파리에 가 주말 동안 친구들과 커피를 마신다거나 해변에서 배구를 한다거나 등등. 돈으로 하고 싶은 것들을 다 할 수 있는 삶이, 돈이 많을수록 자유로워지는 생활이, 곧 행복을 의미한다고 생각했다.

하지만 지난 2년이란 시간 동안 돈이 무조건 행복을 보장하는 것은 아니란 사실을 알았다. 도덕적으로, 원칙적으로, 정신(영혼)적으로 스스로를 관리하지 못한다면 돈이 아무리 많아도 행복해질 수 없다는 사실을 깨닫게 되었다. 예전에는 다른 사람들이 이런 식의 이야기를 하면 가식적이라고 폄하했다. 물론 지금도 어디선가 이 말을 들은 어떤 사람이 나를 향해 가식적이라고 비난할지도 모르겠다. 하지만 사실이다. 하고 싶은 것 다 하고, 사고 싶은 것 전부 살 수 있었던 과거의 내가 괴로웠었으니까 말이다. 그렇게 한 번 고통을 겪고 나서야 깨달은 진실들이다.

이대형에게도 묻고 싶다. 이제 당신도 한국에서 창업자로 꽤 유명하고 상장도 했으며 꽤 많은 돈을 벌지 않았나? 이루고 싶은 것을 이루었는가? 그리고 행복한가?

이대형 사실 당신의 이야기를 들으며 많은 생각을 했다. 스스로 성공했다고 생각하지 않으며 지금까지의 성과도 만족스럽지 않다. 늘 회사를 위태롭게 하는 일들이 생기고, 경쟁자들이 앞서나갈 때면 스트레스를 받는다. 그럼에도 불구하고 재미있는 점은 원래 목표했던 바에 비해 훨씬 더 많은 것들을 갖게 되었다는 사실이다. 그래도 아직은 더 큰 성공이 간절하긴 하다.

장차오양 요새 개인적인 고민은 무엇인가?

이대형 회사와 개인을 분리하기 어렵지만 결국 '어떻게 살아야 하나? 나는 무엇을 잘하는 사람이고 무엇을 할 때 행복한 사람인가?' 등에 대해 많이 생각해 본다. 대학생들처럼 일종의 진로고민이라고 할 수 있겠다. 회사의 고민과도 연결시켜 보면 '앞으로 어떻게 어떤 방향으로 성장할 것인가?'의 문제인 것 같기도 하다.

장차오양 사람이고 기업이고 성장을 멈추는 순간 여러 가지 문제가 생긴다. 그 어떤 기업도 한 순간도 멈추지 않고 성장할 수는 없고, 빨리 올라가면 빨리 내려오기도 한다. 항상 예상치 못한 문제가 발생하고 문제는 곧 스트레스가 된다. 고민은 치열하게 하되 고민하는 과정조차도 즐기고 감사하게 생각하면 좋을 것 같다. 얼마나 감사한 일인가? 이런 시대에 태어났다는 것이.

넷이즈 딩레이
게임 콘텐츠와 게임 플랫폼

딩레이 丁磊 · William Ding | 1971~

넷이즈의 창업자인 딩레이는 1971년생으로 저장성浙江省 · Zhejiang의 전자과학대학을 졸업하여 저장성 닝보시 통신국과 sybase 광저우지사 등에서 소프트웨어 엔지니어로 일하다가 1997년 넷이즈를 창업하여 중국 최초로 중문 검색엔진을 개발하였다.

딩레이는 중국의 다른 창업자들과는 달리 회사가 궤도에 오르자 외부 활동을 자제하고 한동안 CTO로서 기술과 제품 개발에 몰두했는데, 이는 오늘날 넷이즈가 기술 중심, 제품 중심의 모습을 갖추는 데 큰 영향을 주었다고 볼 수 있다. 딩레이는 2011년에 저장성 후저우시湖州市 · Húzhōu Shì에 양돈장을 건설하며 축산업 진출을 선언해 큰 화제를 모으기도 했다.

한국의 많은 사람들에게 넷이즈는 중국의 대표적인 게임회사 중 하나로 알려져 있지만 사실 중국의 대표적 포털사이트 163.com을 비롯해 검색과 이메일, 동영상 등 다양한 인터넷 서비스를 제공하고 있는 인터넷 기업이다. 넷이즈의 사용자 수는 대략 5억 9,000만 명으로 163.com의 경우 매년 전 세계 20위 안에 들 정도로 사용자가 많은 서비스이다. 대부분의 중국인들이 163 메일 계정을 보유하고 있다.

넷이즈의 대표적인 게임으로는 '대화서유'라는 MMORPG가 있는데 중국의 고전 ≪서유기≫를 배경으로 개발한 게임이다. 최근 모바일 게임 영역에까지 진출해 큰 성과를 내고 있다. 또한 넷이즈는 전 세계적으로 흥행한 블리자드의 월드오브워크래프트, 디아블로3, 스타크래프트2의 중국 퍼블리셔이기도 하다.

인터넷 기업 넷이즈,
돼지를 서비스하다

이대형 2009년에 시작한 양돈사업이 한동안 화제였다. 인터넷 서비스와 온라인게임으로 성공한 딩레이와 돼지 사육 간의 연결고리가 짐작이 되지 않는데, 왜 양돈사업을 시작한 것인가?

딩레이 당시 쐉후이雙匯[5]의 젠메이주健美猪[6] 사건이 터지면서 중국 전역에 음식의 안전에 대한 불신이 팽배해졌다. 식사란 생활 유지의 가장 기본이 되는 요소인데 사람들이 불안함을 느낀다는 것은 큰 불행이라고 생각했다. 돼지고기는 중국인의 식탁에서 가장 큰 비중을 차지하는 육류임에도 불구하고 전통농가에서 돼지에게 금지약물을 먹여 기르는 위생 문제, 돼지 사육장에서 발생하는 노폐물로 인한 환경 문제 등과 같이 심각한 문젯거리로 떠오르고 있다. 우리는 이러한 문제를 인터넷을 통해 해결할 수 있다고 보았다.

---

5) 중국 최대의 육류 가공업체.

6) 젠메이주란 돼지 사육 시에 금지약물을 넣은 사료를 사용함을 의미.

이대형 그게 어떻게 가능한지 좀 더 자세히 설명해 줄 수 있는가?

딩레이 완벽한 해결책을 가지고 있다고 자신하지는 않는다. 단편적인 예를 들면 사용자들은 인터넷에서 돼지고기가 들어 있는 제품을 검색해 해당 돼지의 품종이나 사육방법, 언제 어디서 도축되었는지 그 유통과정을 쉽게 파악함으로써 안전하다는 믿음을 가질 수 있을 것이다.

실제로 우리는 매우 착실하게 양돈사업을 준비해왔다. 저장성 안지安吉 24만 평 땅에 10만 마리의 돼지 사육이 가능한 돼지 사육장을 만드는 것을 목표로 하고 농업대학 교수 등 여러 양돈업계 전문가들로 구성된 양돈사업팀도 따로 만들어 연구를 진행하고 있다. 현재 시범적으로 돼지를 양육하는 단계에 있다.

이렇게 우리가 자신하고 있는 인터넷 기술과 선진적인 관리 기술을 통해 중국의 축산업이 나아가야 할 새로운 방향을 제시해 농가의 빈곤을 해결하고 중국인들이 음식에 대한 불안감에서 해방될 수 있도록 돕고 싶다.

이대형 훌륭한 비전이다. 내가 흥미롭게 생각하는 부분은, 문제를 해결하는 당신의 접근방법이 일관되다는 점이다. 내가 보았을 때 당신이 게임산업을 진행해온 방식과 양돈

사업을 진행하는 방식이 굉장히 유사하다고 느껴진다.

딩레이 그런 평가는 처음 듣는다. 왜 그렇게 생각하는가?

이대형 텐센트, 샨다, 더나인 등 중국 대부분의 온라인 게임회사들은 해외로부터 게임을 수입해 퍼블리싱하면서 게임 산업에 진출하게 되었다. 반면 넷이즈는 직접 게임을 개발하여 시장에 진출하고 이후에 퍼블리싱 사업에 뛰어들었다. 새로운 시장에 들어갈 때 좋은 제품을 만들 수 있는 핵심 경쟁력을 갖추고 그 다음에 유통으로 확장해 나가는 방식이 당신의 방법인 것 같다. 이런 방식을 고집하는 이유가 있는가?

딩레이 우리처럼 하나의 제품, 하나의 콘텐츠에서 시작해 충성 고객을 확보해나가며 제품의 수와 고객을 늘려가는 것도 성장의 한 가지 방법이고, 다른 방식으로 확보된 고객기반을 플랫폼화하여 제품이나 콘텐츠를 유통해나가며 매출을 늘려가는 것 또한 방법이다. 정답이란 것은 없다. 다만 자신이 잘할 수 있다고 생각하는 방식대로 해나가는 게 옳은 것 같다. 엔지니어 출신이라 그런지 나는 연구를 통해 답을 찾는 일을 즐기며 제품의 완성도를 높여나가는 데서 희열을 느낀다. 내가 좋아하고 잘 할 수 있는 방식대로 하면 되는 것이다.

이대형 플랫폼에 대해 질문하고 싶다. 근래에 한국의 영화시장을 보면 많은 생각을 하게 된다. 과거에는 영화 흥행의 가장 중요한 요소가 영화 그 자체였는데 현재는 영화관을 독점하다시피 하고 있는 CGV가 '상영관을 몇 개 확보해 주느냐'가 성공 요소가 되었다. 물론 영화가 재미있고 흥행할 만하다는 판단이 들어야 CGV에서 보다 많은 상영관을 확보해 주겠으나 영화 외적인 면에서 영향을 끼치는 요소가 과거에 비해 훨씬 커진 것이다. 영화의 성공에 배급력이 차지하는 부분이 확실히 커졌다. 이는 영화뿐만 아니라 모든 콘텐츠 사업에서 공통적으로 일어나는 변화이다. 게임도 마찬가지로 구글이나 애플, 카카오 같은 플랫폼에서 밀어주면 성공률이 높아지는 듯하다. 중국에도 이러한 변화가 있는가??

딩레이 플랫폼의 힘이 점점 커지고 있는 것이 사실이다. 텐센트의 경우 PC 온라인 게임 시절에서는 QQ, 모바일 게임에서는 위챗이라는 강력한 플랫폼을 통해 게임산업을 장악하고 있다. 그 힘이 점점 강해지고 있다고 본다.

이대형 이유는 무엇이라고 보는가?

딩레이 접근성의 변화가 제일 큰 것 같다. 영화건 게임이건 접근성이 좋아지면서 캐주얼 유저들이 늘어났고 다수가 되었다. 여전히 하드코어 유저들은 계속 시장을 선도하고 바이럴의 중심이지만, 유저 중에서 가장 큰 비중은 캐주얼 유저들이 차지한다.

콘텐츠, 캐주얼 게임 유저들을 집중 공략하다
플랫폼, 경영전략을 변화시키다

이대형 모바일 게임산업에서는 콘텐츠 대세론과 플랫폼 대세론이라는 두 가지 논쟁이 존재한다. 즉, 게임은 게임 콘텐츠 자체가 가장 중요하다는 관점과 게임 자체의 퀄리티는 평준화되기 때문에 플랫폼의 협력이 성공의 핵심요인이라는 것이 양측의 주장이다. 딩레이 당신은 어느 쪽인가?

딩레이 굳이 따지자면 콘텐츠가 훨씬 더 중요하다고 본다. 그렇지만 게임의 성공에 끼치는 플랫폼의 영향력이 더욱 강해지고 있는 것은 사실이다. 그러나 플랫폼의 힘이 과거에 비해 커졌다는 것이지 절대적이라고 보지는 않는다. 굳이 따지자면 여전히 콘텐츠가 훨씬 중요하다고 본다.

이대형　그렇다면 다시 플랫폼 이야기로 돌아와 질문하겠다. 캔디크러쉬사가가 세계적으로 성공을 거두면서 한국에서는 애니팡2가 해당 게임을 표절했다는 표절시비에 휘말린 적이 있었다. 텐센트 위챗에 올라온 여러 성공한 게임들(티엔티엔쿠파오 등)도 북미나 한국의 다른 플랫폼에서 성공한 게임을 카피했다는 표절시비가 있다. 다른 나라에서 성공한 게임을 빠르게 카피해서 중국에 런칭하여 성공한 게임들이 많은데, 플랫폼의 힘을 빌리면 일견 쉬운 방법인 것 같기도 하다. 어떻게 생각하는가?

딩레이　그러한 접근 방식도 유효하다고 생각하지만 쉬운 길은 아니라고 생각한다. 텐센트의 위챗플랫폼에는 슈퍼셀의 메가히트게임인 Clash of clan과 Heyday를 카피한 게임이 다수 출시되었지만 강력한 플랫폼의 지원을 받았음에도 불구하고 실패했다.

이대형　경쟁자로서 텐센트의 모바일 게임사업과 게임 플랫폼으로서 위챗의 미래를 어떻게 보는가?

딩레이 스마트폰이 등장하면서 중국 모바일 산업의 규모가 커지긴 했지만 과거 피처폰 때도 중국의 휴대폰 사용인구는 8억에 가까웠다. 그때도 소위 모바일 게임이 있었는데, 차이나모바일에는 '백보상'이라는 모바일 게임 플랫폼이 있었다. 이 백보상이라는 플랫폼의 흥망성쇠에서 많은 것을 배울 수 있다.

백보상도 초기에는 아무 게임이나 순위에 오르면 큰 돈을 벌 수 있을 정도로 잘 나갔지만 곧 망하고 말았다. 당시 차이나모바일의 플랫폼 담당자들이 뇌물을 받고 순위를 조작해 주는 일이 빈번했기 때문이다. 플랫폼에서 1위를 하고 있는 게임이나 추천 리스트에 오른 게임을 다운로드 받아서 해 봐도 콘텐츠 자체가 재미가 없거나 버그가 너무 많아서 플레이가 안 되는 경험을 반복하다 보니 결국 유저들은 백보상을 점차 외면하게 되었다.

위챗은 이처럼 소위 말하는 '백보상의 실패'를 피해가는 게 관건이라고 본다. 이러한 이유로 위챗은 엄격한 심사를 통해 선별적으로 소수의 게임을 출시하고 있는데, 이러한 전략은 사업 전개가 느리다는 평가를 받고 있다.

어쨌든 텐센트의 게임사업은 위챗의 강력한 플랫폼 파

워, 전 세계를 커버하는 과감한 투자, 퍼블리싱 역량 등 앞으로 성장할 수 있는 요소가 많이 있다. QQ를 통해 텐센트가 중국의 PC 온라인 시장을 장악했는데, 모바일에서도 그러한 성공을 재현해 나가고 있다고 본다.

이대형 그러고 보니 한국의 '티스토어'라는 마켓 플랫폼도 비슷한 과정을 겪었다. 과거에 티스토어에서도 천만 이상의 다운로드가 발생할 정도로 사용자 수가 많았는데 현재는 크게 줄었다. 그렇다고 해서 티스토어를 설치하고 있는 SKT의 사용자가 감소한 것은 아니었다.

티스토어의 순위 로직은 전날 다운로드에 의해 결정되는데 1위를 하기 위해서는 그 전날 보상형 CPI(Cost Per Install)[7]로 다운로드를 많이 받으면 됐다. 그러다 보니 다운로드를 많이 발생시키는 무리한 마케팅으로 백보상처럼 인기 순위가 높은 게임을 받아도 만족스럽지 않은 경우가 자주 발생하게 되었다. 개발사들의 게임을 홍보해 주는 배너 영역을 ARPU(Average Revenue Per User)[8]가 높은 하드코어 게임들 위주로 배정하다 보니 게임의 다양성이 사라지고 캐주얼 게임 유저들은 하나 둘 떠나게 되어 결국 타

7) 이용자가 앱을 다운 받으면 정해진 보상을 지급하는 방식.
8) 게임에 가입한 유저 한 명당 평균 결제금액.

플랫폼에 비해 콘텐츠가 현저히 부족한 플랫폼이 되어 버렸다.

딩레이 플랫폼이라는 것은 백화점과 같다고 생각한다. 그야말로 엄청난 수의 유저가 모이는 장소인데 이 백화점을 잘 운영하기 위해서는 눈에 보이는 단기적 이익을 떠나 유저들을 제대로 만족시킬 수 있는 전략이 중요하다. 이익만 추구하다 보면 백보상의 사례처럼 결국에는 소비자를 쫓아버리는 결과를 가져올 것이다.

3

소리 없는 춘추전국시대, 대륙을 뒤흔든 기업 간의 전쟁

360 저우훙위 거대기업 텐센트와의 3Q전쟁

마윈과 레이쥔 전통과 내기하다

콰이디다처 뤄찬페이 택시앱 보조금 전쟁

360 저우훙위

거대기업 텐센트와의 3Q전쟁

저우훙위 周鸿祎 | 1970~

1992년 시안자오퉁대학을 졸업하고 학사 학위를 받았다. 1995년 북경대학교 소유의 기술·재정 전문기업인 팡쩡그룹에 프로그래머로 취직해 고위직까지 올랐으나 그만두고 창업의 길에 들어섰다. 1998년 28세의 나이로 그가 설립한 첫 회사는 웹사이트 주소 보급 서비스인 '3721'이었다. 3721은 '중국인들이 모국어로 인터넷을 사용하게 하자'라는 이념으로 설립되었다. 2004년에는 3721과 야후의 중국 법인인 야후차이나가 합병해 야후차이나의 최고경영자가 되었다. 그리고 2005년 야후차이나에서 성공적으로 물러나 컴퓨터 백신회사인 '치후 360'을 설립했다. 현재 치후 360은 중국을 넘어 세계 최대의 보안회사로 성장했다. 저우훙위는 3721을 야후에 매각하고 받은 1억 2,000만 달러로 엔젤투자에 손을 뻗어 신생업체를 돕는 데 돈을 아끼지 않았다. 저우훙위는 대쪽 같은 사업 철학을 가지고 있는 기업가로 유명하다. 그는 모든 서비스를 무료로 제공하고 있으며 사용자의 인터넷 보안을 최우선으로 생각한다. 또한 금전적 이익보다 정직을 우선시하는 사업 방향을 고수했다. 특히 2010년에 발생한 3Q[360 VS QQ]전쟁이라는 큰 사건으로 인해 텐센트와의 갈등이 빚어져 손해를 많이 보았지만 대중에게는 '믿을 수 있는 회사'라는 인식을 심어주었다.

전쟁의 승자는 없었다

전쟁 촉발의 경고: 360 VS 텐센트

2010년 중국 인터넷을 가장 뜨겁게 달군 사건은 'QQ의 사용자 컴퓨터 불법 스캔'이다.

QQ는 텐센트가 ICQ를 바탕으로 만든 중국 최대의 메신저 서비스로서 쉽게 말해 중국판 네이트온이라고 할 수 있다. 6억 명이 넘는 중국인들이 사용 중에 있으며, 이 사용자들을 기반으로 온라인게임의 최대 중국 퍼블리셔로 자리매김하였다.

그런데 이 QQ가 사용자의 컴퓨터를 마음대로 스캔하고 있다는 사실이 백일하에 공개되었다. 텐센트 측은 절대 사용자의 컴퓨터를 스캔하지 않았다고 밝히고 있지만, 사용자들에 의해서 그 증거가 적나라하게 드러나게 되었고 다른 인터넷 회사들도 QQ를 조심하라는 공지를 올리기 시작했다.

2010년 9월 27일: 360의 선제공격

360이 텐센트에 선전포고함으로써 전쟁이 발발했다. 360은 '360 개인 프라이버시 보호기'를 발표하면서 "어떤 인터넷 메신저 프로그램은 사용자의 허가도 받지 않고 무단으로 사용자의 하드디스크에 있는 개인정보를 검색하고 있다"고 이야기했다. 비록 QQ을 지칭하지 않았지만 중국 네티즌들은 해당 프로그램이 QQ라는 것을 알아냈고, QQ에 추가되어 있는 'QQ 안전보호기'가 어떠한 바이러스도 막지 못할 뿐만 아니라 오히려 사용자의 컴퓨터를 무단으로 검색하고 있다는 주장이 여기저기서 제기되었다.

텐센트 측은 근거 없는 모함이라고 반박했지만 게임 퍼블리셔업계에서 텐센트에 밀린 넷이즈 역시 사용자들에게 경고를 보내 360의 주장에 힘을 실어주기 시작했다.

2010년 10월 28일: 텐센트의 반격

텐센트는 중국의 유명 IT업체 킹소프트, 바이두 등과 연합하여 "360이 불공정한 방법으로 타사의 권리를 침해하고 있다"는 연합성명을 발표하게 된다. 같은 날 360도 "360이 사용자의 프라이버시를 보호하려다 텐센트의 보복을 받았다"라는 내용의 글을 발표하였다.

2010년 10월 29일: 360의 2차 공격

360은 여기서 멈추지 않고 '압류 보디가드扣扣保镖'를 발표하였다. 이 프로그램은 QQ의 프라이버시 침해를 막는 동시에 QQ의 광고나 부가서비스까지 차단하는 기능을 내장하고 있다. 이는 QQ를 통한 비즈니스 모델을 차단하는 기능으로써 텐센트 입장에선 큰 타격으로 다가오지 않을 수 없었다.

재미있는 것은 '압류 보디가드'가 발표된 2010년 10월 29일이 텐센트의 창립자 마화텅의 생일이라는 점이다.

여기까지는 360의 승리로 텐센트를 압도하고 있는 듯한 모양새로 보일 것이다. 그러나 사실 상당수의 네티즌들은 생각보다 프라이버시 침해에 관해 민감하지 않았으며 여러 면에서 텐센트는 360보다 압도적으로 우월한 회사였다.

2010년 11월 3일: 텐센트, "거대한 QQ 사용자에게 보내는 공개편지"

11월 3일 텐센트는 QQ 사용자 전체에게 팝업창을 띄워 360 안티바이러스를 이용하는 사람들은 QQ를 사용하지 못하도록 하는 정책을 알렸다.

중국 네티즌들은 거대기업 간의 싸움에 사용자가 말려들어야 하는 것이냐면서 상당히 격정적인 반응을 보였다. 이제 중국 네티즌들에게는 'QQ라는 중국 최대 인터넷 메신저를 포기하느냐? 아니면 360라는 중국 최대 안티바이러스를 포기하느냐?' 하는 선택만이 남아 있는 상황이었다.

비록 360 안티바이러스 프로그램이 중국업계 내 1위를 차지하고 있긴 하지만 노턴이나 루이씽瑞星 등과 같은 수많은 대체 프로그램이 존재하는 반면 텐센트의 인터넷 메신저 QQ의 경우 그 성격과 압도적인 점유율로 인해 대체할 만한 소프트웨어가 사실상 존재하고 있지 않았다. 그렇기 때문에 이번 치킨게임에서는 360의 패배가 예상됐지만 텐센트 또한 큰 타격을 입을 것이 자명했다.

2010년 11월 4일: 어부지리

11월 4일 중국 최대의 SNS 서비스 런런왕이 'QQ 화해패치'를 내놓았다. 'QQ 화해패치'는 텐센트와 360이 서로의 소프트웨어를 정상적으로 사용할 수 없도록 막아놓은 것을 풀어주는 역할을 하고 있다. 다만 QQ 화해패치의 문제는 1MB에 불과한 조그마한 기능을 내장하고 있음에도 불구하고 온갖 잡다한 광고를 달고 있으며 런런왕에 강제적으로 가입하게끔 해 네티즌들의 원성을 사게 되었다는 점이다. '너 죽고 나 살자' 분위기였던 텐센트와 360이 각각 일정 부분을 양보하면서부터 화해 국면이 조성되었지만 텐센트 측에서 360에 확실한 사과와 배상을 요구하고 있어 이대로 싸움이 끝날지는 아직 미지수다. 그러나 텐센트의 경우 동시접속자 수가 2,000만 명 이상 감소했고 360의 경우 경쟁상대인 킹소프트의 안티바이러스로 옮겨가는 사용자들이 증가함에 따라 치킨게임을 끝까지

고집하기가 부담스러워졌다.

2010년 11월 5일: 전쟁 확대

11월 5일 '진'(중국 워드업계의 강자)과 '소우고우'(중국어 입력기의 강호) 그리고 '바이두'(중국 검색시장의 일인자)가 자신들의 프로그램에 360을 사용하지 못하도록 한다는 소문이 네티즌들 사이에 퍼져나갔다. 이는 전날인 4일 텐센트가 프로그램에 360을 호환하지 못하도록 직접 실행에 옮겼기 때문인데 진과 소우고우, 바이두는 텐센트와 함께 "360이 업계의 질서를 혼란스럽게 한다"며 연합설명을 발표했던 기업들이다.

또한 360이 텐센트 QQ의 독점적 위치를 위협하기 위해 자체적인 인터넷 메신저를 만든다는 루머도 나돌았다. 당일 오후 실제로 베타버전이라 추정되는 스크린샷이 유포되기도 했다.

곧이어 바이두와 킹소프트를 비롯한 텐센트 연합전선이 360 퇴출에 동참하기 시작했다.

이대형 2010년 하반기에 360과 텐센트 사이에서 발발한 이른바 '3Q전쟁'으로 '인터넷투사'라는 별명을 얻게 되었다. 360과 텐센트 양측의 입장이 크게 다를 것 같은데, 당신에게 직접 '3Q전쟁'에 대해 듣고 싶다.

저우훙위 일부 클라이언트 소프트웨어는 사용자에게 강제적으로 광고를 노출시킬 수 있는데, 360 보안 프로그램은 이러한 광고를 차단할 수 있는 기능을 제공한다. 이에 맞서고자 일부 검색엔진은 검색결과와 광고를 함께 노출하는 등 다양한 방식으로 진화했는데, 360은 이러한 지능적인 방법까지도 차단할 수 있도록 보안 프로그램의 기능을 업그레이드해 나갔다. 우리의 이러한 노력은 유저의 권리를 보호했지만 다른 회사들의 이익에 반하는 결과를 만들기도 했다. 그렇지만 많은 분쟁이 발생하더라도 우리는 사용자의 이익을 존중한다는 신념을 포기하지 않을 것이다.

이대형 2010년 초에 텐센트에서 배포한 QQ doctor라는 무료 보안 프로그램이 360에 큰 위협이 되었고 이를 견제하기 위해 360이 고의적으로 QQ에 대한 전쟁을 시작했다는 이야기가 있다.

저우훙위 완벽한 오해다. 만일 그랬다면 바이두나 킹소프트 등 다른 회사들의 클라이언트 프로그램에서 광고나 노출을 차단하지 않았을 것이다. 우리는 오로지 사용자의 권익을 존중하는 신념에 따라 정책을 설립하고 집행한다.

이대형 텐센트에서 QQ 전체 유저를 대상으로 360 소프트웨어를 사용할 수 없다며 팝업창을 통해 공지했고, 뒤따라 360 또한 클라이언트를 설치한 모든 유저에게 팝업창을 띄우며 대응하면서 이른바 팝업대전을 시작했다. 반복되는 팝업 공지로 사용자들이 굉장히 불편해했을 것 같은데 이 또한 사용자의 권익을 존중한다고 볼 수 있는가?

저우훙위 팝업대전과 일련에 따른 사건들은 매우 유감이다. 텐센트가 다수의 사용자들에게 360과 QQ 메신저를 동시에 사용할 수 없다고 팝업 공지하는 상황에서 사용자에게 진실을 알리고 피해를 줄일 수 있는 가장 효과적인 방법이었다.

인터넷 기업들,
다양한 분야로
사업을 확대하고 있다

이대형 그럼 마화텅에게 질문을 돌리겠다. 상황이 안정되면 사람들에게 3Q전쟁에 대한 진실을 공개하겠다고 이야기했는데, 그 진실은 무엇인가?

마화텅 사실 굉장히 간단하다. 한 기업이 다른 기업을 향해 해킹 프로그램을 실행했고, 자신의 사업목표를 달성한 것이다. 악질적인 협박에 가까웠다.

이대형 직접적으로 묻고 싶다. 텐센트의 보안 프로그램은 사용자의 개인정보를 유출하지 않았다는 객관적인 증거가 있는가?

마화텅 그런 일은 절대 발생할 수 없다. 맹세한다. 유저들의 개인정보를 열람하지도 수집하지도 않았다. 그렇다면 왜 이런 오해가 생긴 것일까? 2006~2007년에 악성 목마바이러스가 유행하던 시절 우리는 정보보안과 관련해 많은 위협을 받았었다. 당시 하루에만 해도 몇십만 번의 해킹 시도가 있었다.

그래서 바이러스에 대한 스캐닝 작업을 할 수밖에 없었다. 당시 소프트웨어 로그인 과정을 느리게 만들었던 바이러스가 나중에 활동을 시작하게 되면 미리 검사를 하더라도 별 소용이 없게 되었으므로 컴퓨터가 쉬는 시간에 바이러스를 검사하는 방법을 택했었다. 이것이 많은 이용자들의 오해를 불러일으켰던 것 같다.

왜냐하면 이용자들은 검사하는 창을 보지 못했기 때문

에 그게 검사 중인지도 몰랐던 것이다. 이게 우리의 실수였다. 다시 하게 된다면 시작 전에 유저들이 검사를 선택할 수 있도록 할 것이다.

이대형 두 회사로 말하자면 한 회사는 IM 방면이고 한 회사는 백신 영역을 맡고 있으므로 외부에서 보기에는 서로 원한이 없을 것 같았는데…… 왜 갑자기 이렇게 되었는가?

마화텅 우리가 보안 프로그램을 만들자 360 입장에서는 텐센트가 그들의 생존을 위협한다고 여겼을 것 같다. 당시 360은 보안 프로그램에서 높은 시장지배력을 갖고 있었고 웹브라우저 등 다양한 분야로 확장시켜 나가면서 많은 경쟁자를 위협하고 있었다. 우리 역시 보안시장 진출을 고려 중이던 상황이었다.

'내가 이 영역을 맡고 있으니 다른 사람은 이 영역을 할 수 없어'라는 시선은 합리적이지 못하다. 경쟁은 합리적이어야 하며 허용될 수 있어야 하고, 우리의 보안 프로그램 제작 또한 그러하다고 본다.

이대형 텐센트가 스타트업들의 밥그릇을 뺏어간다는 비판도 많다. 어떻게 생각하는가?

마화텅 사실 우리는 많은 스타트업에 투자하며 파트너십을 맺고 있다. 매출의 40%를 협력업체와 공통적으로 나누고 있고 이는 비교적 개방적인 기업활동에 속한다고 본다. 다만 '개방시기가 좀 더 빨랐더라면 좋았을 걸' 하는 반성을 하고 있다. 회사들을 하나씩 하나씩 만나 보면서 협력방법에 관해 많은 고민을 해왔지만 외부에서는 이러한 노력에 관해 알아차릴 기회가 없으므로 단순히 '텐센트의 횡포'로만 보는 시각이 있을 수밖에 없음을 알고 있다. 또한 우리가 부족했던 부분들도 있었다. 솔직히 인정한다.

불편을 겪고 마음이 상한 이용자들에게 다시 한 번 더 사과의 말씀을 드린다. 이번 사건으로 인해 우리의 긴급 대처가 많이 부족하다는 사실을 깨닫게 되었다. 다음에는 더 잘 해낼 수 있을 것이라고 생각한다. 분명 계속 좋아질 것이다. 더 좋은 서비스로 유저들의 사랑에 보답하도록 하겠다.

마윈과 레이쥔
전통과 내기하다

인터넷 산업 VS 전통 산업

인터넷 기업들은 이전에 존재하지 않았던 새로운 영역의 사업을 창조해내기도 하지만 대부분은 인터넷 기술을 이용해 과거부터 이어져 왔던 '전통 산업'에 도전하여 시장질서를 파괴하면서 크게 성장해왔다.

구글은 광고 산업에 지각변동을 일으켰고, 트위터는 미디어 산업에, 에어비엔비는 호텔 산업에, 우버는 운수 산업에 도전하며 큰 변화를 이끌고 있다. 마찬가지로 중국에서도 텐센트, 알리바바, 바이두, 샤오미, 콰이디, 360, 소후, 요쿠, 시나 등 여러 인터넷 기업들이 전통 산업에 어떻게 도전하고 있는지에 대해선 이미 설명한 바가 있다.

지금부터 인터넷 기업들이 전통 산업을 얼마나 잠식하고 있는지 중국의 유명한 기업가들 간의 흥미로운 내기를 소개해 보기로 한다.

2012년 12월 12일
알리바바 마윈과
완다그룹 왕젠린의 내기 한 판

2012년 12월 12일 저녁, 시나 과학기술 속보가 '2012 CCTV 중국경제년도인물'에 대해 보도했다. 함께 수상한 알리바바의 마윈과 완다그룹의 왕젠린이 현장에서 전자상거래를 주제로 격렬한 토론을 벌였다. 두 사람은 '10년 후 인터넷을 통해 온라인에서 쇼핑하는 전자상거래 산업이 오프라인 상점에 나가 직접 물건을 구매하는 전통 소매 산업을 물리치고 전체 소매시장 점유율의 절반을 넘길 수 있을 것인가'에 대해 거액의 내기를 벌였다.

마윈 전자상거래가 전통 소매업을 완전히 대체할 수는 없겠지만 사용자들이 대부분의 쇼핑을 온라인에서 해결하고 상점은 그저 보조적인 역할만 하게 될 것이다.

왕젠린 내 생각은 다르다. 소매업의 전체 규모는 성장하겠지만 10년 안에 전자상거래가 전체 소매시장의 절반에 이르기는 어렵다고 본다. 이를 뒷받침하는 세 가지 근거가 있다.

첫째, 아직까지 전자상거래의 점유율은 비교적 낮은 편에 속한다. 둘째, 구매행위에는 필요한 물건을 갖게 된다는 의미가 기본적이지만 그 외에 소비행위 자체를 과시하며 즐긴다는 의미도 큰 비중을 차지하고 있다. 전자상거래가 이런 부분을 만족시키기는 쉽지 않다. 셋째, 전통적인 소매상들도 점차 진화하고 있고 새로운 기술을 오프라인 매장에 적용함으로써 소비자들을 상점으로 이끌고 있다.

만일 소매업이 단순히 물건을 사고파는 일이라고 생각한다면 굉장한 오산이다. 큰 개념으로서는 먹고 입고 사용하는 수많은 물건을 뜻하지만 전자상거래가 목욕을 시켜 준다거나 다리를 주물러 준다거나 귀를 파 준다거나 하는 것들을 대체시켜 줄 순 없는 것이다.

마윈 중요한 것은 전자상거래가 생활방식의 변혁을 가져왔다는 것이다. 상점의 직원들이 1980년대, 1990년대의 소매 서비스의 핵심이었다면, 앞으로는 택배회사의 직원들이 그러한 역할을 하게 될 수 있다. 당신이 이야기한

'오프라인 소비가 제공해주는 만족감'을 전자상거래는 다른 형태로 제공할 것이라는 게 내 생각이다.

왕젠린 그럼 내기를 하는 게 어떻겠는가? 10년 후 전자상거래가 중국 소매시장 점유율의 50%를 달성하게 된다면 내가 당신에게 1억을, 그렇지 못하다면 당신이 내게 1억을 주는 것이다.

2013년 12월 12일 샤오미 레이쥔과 거리그룹 동명주의 내기 한 판

텐센트 과학기술 보도에 따르면, 제14회 중국경제년도인물 선정 수상식장에서 샤오미의 레이쥔과 거리格力그룹의 동명주董明珠는 5년 후 샤오미의 매출액이 거리그룹을 뛰어넘느냐 마느냐에 따라 상대방에게 10억 위안을 주는 내기를 걸었다. 두 사람은 현장에서 열렬하게 논쟁하고 있었다.

동명주 5년 후 샤오미가 거리그룹을 뛰어넘는다고? 그건 불가능하다. 현재의 매출액만 보아도 샤오미의 연매출은

300억 위안에 불과하지만 거리의 전자제품 매출액은 1,000억 위안을 넘었다.

레이쥔　물론 당신은 그렇게 생각하겠지만 샤오미가 거리의 매출액을 넘기는 데 5년이면 충분하다. 그에 대한 세 가지 타당한 이유가 있다.

첫째, 샤오미가 공장은 없지만 세계에서 가장 좋은 공장을 사용할 수 있기 때문이다.

둘째, 샤오미는 경로渠道와 소매점이 필요 없기 때문이다. 전자상거래를 통해 직접적으로 판매할 수 있으므로 원가 면에서도 우세하다.

셋째, 샤오미는 제품 연구와 유저 체험을 높이는 데 집중할 수 있기 때문이다. 또한 끊임없이 제품 질량을 높일 것이며 시장 공간을 높여 나갈 것이다.

동명주　샤오미가 가격경쟁으로 시장에서 우위를 차지하고 있지만 거리는 가격에 의지하지 않고 기술에 의지한다. 게다가 샤오미는 마케팅을 너무 중시해 판매 후 서비스에 대해서는 신경을 쓰지 않는다. 이와 달리 거리는 판매 후 서비스가 굉장히 잘 되어 있다. 샤오미가 최근 몇 년간 발전을 거듭해왔지만 솔직히 말해서 지속적인 성장을 얼만큼 이룩해낼지는 미지수다.

레이쥔 거리는 제조기업이기 때문에 사용자들과 비교적 거리가 멀다. 하지만 샤오미는 사용자들과 가까이에서 소통하고 있다. 또한 거리는 업무가 광범위하므로 샤오미처럼 집중적인 성과를 이뤄낼 수 없다.
게다가 샤오미의 제품과 서비스 그 자체가 마케팅이지, 마케팅에 대한 모든 집중을 따로 쏟아붓거나 하는 것은 아니다.

마윈과 왕젠린은 한 명씩 나누어 시상자를 지지했다. 마윈은 동명주를, 왕젠린은 레이쥔을 지지했다.

'인터넷과 전통 산업의 구조 개편'을 주제로 한 이 행사에서 전통 제조업과 인터넷 산업 사이에는 어떤 관계가 펼쳐질까?
미래에 어떤 쪽이 승리하게 될까?

2012년에는 마윈과 왕젠린의 논쟁이, 2013년에는 동명주와 레이쥔의 논쟁이 일어났던 만큼 인터넷 산업과 전통 산업 간의 논쟁은 앞으로도 계속될 것으로 보인다.

콰이디다처 뤄찬페이
택시앱 보조금 전쟁

중국 택시,
승객에게 택시비를 지불한다?

중국의 택시전쟁

- 실리콘밸리에 우버가 있다면
  중국에는 콰이디다처와 디디다처가 있다.

'콰이디다처快的打車'(이하 '콰이디')와 '디디다처滴滴打車'(이하 '디디')는 중국 택시앱의 양대산맥이다. 두 회사는 각각 알리바바와 텐센트로부터 대규모의 투자를 유치해 지난 3년 동안 치열한 경쟁을 벌인 라이벌이었다. 택시 승객이 디디다처 앱을 통해 요금을 지불할 경우 디디는 승객에게 10원의 보조금을 주기 시작했다. 그러자 콰이디가 보조금으로 12원을 주는 동시에 택시기사에게도 10원의 보조금을 제공하기 시작했다. 무시무시한 머니전쟁의 시작이었다. 디디가 또다시 보조금을 올렸고 곧이어 콰이디도 보조금을 올렸다.

그러던 중 2014년 8월에 보조금제도를 함께 중단하며 급기야는 2015년 2월 14일 밸런타인데이에 두 회사가 전략적 합병을 선언해 중국 전역을 깜짝 놀라게 했다.

이럴 땐 벤저민 디즈레일리Benjamin Disraeli의 말을 빌리고 싶다.

"영원한 친구가 없듯이 영원한 적도 없다.
단지 영원한 이익이 있을 뿐이다."

이대형 끝을 알 수 없었던 콰이디와 디디의 2년간 전쟁이 2월 14일 드디어 종료되었다. 상대를 먼저 쓰러트리기 위해 투자를 방해하고, 상대가 선점한 지역에 엄청난 돈을 뿌리는 등 세간을 들썩이게 했던 두 회사의 일들이 갑자기 색바랜 역사로 변하게 되었다. 기분이 어떠한가?

뤄촨페이 지난 1월 24일에 본격적인 협상을 시작해 3주가량의 시간이 걸려 합병을 발표하게 되었다. 결혼으로 비유했을 때 현재 허니문 기간이라 할 수 있는데, 너무 많은 일들이 있다 보니 바쁘고 피곤하다. 이다오용처易到用车가 반독점법 위반으로 우리를 고발하는 등…… 사건사고가 끊이지 않는다.

이대형 근래 가장 중요한 업무는 무엇인가?

뤄찬페이 먼저 '두 집단의 통합'이다. 사람과 사람의 통합이라고도 할 수 있다. 그 다음은 순서와 박자에 맞춰 '우리가 하고 싶은 일들을 추진하는 것'이다. 지금까지는 여력이 없어 하지 못했던 일 이를테면 큰돈을 들여 머니전쟁을 치르느라 하지 못했던 일들 말이다. 개발 투자라든가, 새로운 제품과 업무에 대한 투자라든가.

이대형 합병 후에는 어떤 전략을 가지고 있는가?

뤄찬페이 산업은 이제 막 시작되었다고 본다. 택시를 넘어서 버스, 지하철, 물류 등 모든 교통 산업을 아우르는 방향으로 발전시킬 계획이며, 기업의 자원을 종합하여 세부적인 전략을 결정할 생각이다.

이대형 디디의 CEO인 청웨이程維를 처음 만났을 때 어떤 이야기를 나누었나?

뤄찬페이 나와 청웨이가 제일 처음 만난 때는 2013년 5월 상하이의 한 KFC에서였다. 당시 우리는 상하이에서 3월에 한

차례 정면전쟁을 한 바가 있었기 때문에 상대방이 어떤 인물인지 무척 궁금해했었다. 그는 젊고 똑똑하며 열정적으로 일한다는 인상을 주었다. 우리는 여러 부분에서 생각이 일치했다. 과거 3Q전쟁과 같이 서로의 앱을 공격하는 일은 없도록 하자는 이야기, 택시기사와 승객에게 지급하던 보조금이 시장을 키우고는 있으나 결코 오래 지속돼서는 안 된다는 이야기 등을 함께 나눴다.

이대형 택시 보조금 전쟁은 어떻게 시작되었나?

뤄촨페이 사실 택시 보조금 전쟁은 디디와 텐센트에서 시작한 것이다. 텐센트는 알리바바 알리페이의 대항마로 텐페이를 만들어 위챗에 탑재했는데, 이것이 텐페이와 디디다처의 두 점유율을 모두 폭발적으로 성장시키는 계기가 되었다. 그 뒤 위기감을 느낀 알리바바 역시 본격적으로 콰이디를 지원하기 시작했다.

사실 우리가 디디를 뒤따라가는 상황에 처해 있었으므로, 디디와 보조금을 같게 만들면 이내 곧 디디가 가격을 올렸다. 이게 반복되다 보니 나중엔 장려금을 매시간 조정하는 수준까지 가게 되었고 서로 엄청난 돈을 써버리는 결과를 초래했다. 2014년 설날에는 택시비가 전혀 필요하지 않을 정도였다.

이대형 보조금 전쟁이 한창 치열할 때에는 무언가에 쫓기는 기분이었을 것 같다.

뤄찬페이 2014년 1, 2월은 정말 생각하고 싶지 않을 정도다. 매일매일 은행에 자금이 얼마나 남았는지 확인해야 할 정도였다.

이대형 3위 사업자였던 따황펑의 인수에도 경쟁이 치열했다고 들었다.

뤄찬페이 따황펑은 2013년 8월부터 서비스를 시작했으니 많이 느린 편이었다. 그런데 콰이디와 디디가 함께 보조금 지급을 중단한다는 결정을 내리자 따황펑이 갑자기 상하이에서 보조금을 지급하며 급성장하기 시작했다. 우리는 깜짝 놀랐다. 다시 보조금 삼국전쟁을 치를 수도 없고…… 결국 상하이를 차지하기 위해 따황펑을 인수하게 되었다. 이 모든 일이 2주 안에 벌어질 정도로 모든 것이 급박하게 진행됐었다.

보조금이 아닌
창의력과 서비스 가치로 승부한다

이대형 가장 궁금한 질문을 하고 싶다. 합병 아이디어는 누가 냈나? 두 회사 모두 자신의 가치를 서로 더 크게 봤을 것 같은데, 어떤 과정을 통해 합병이 성사되었는지 너무 궁금하다.

뤄찬페이 지난 일년 간 청웨이와 교류를 많이 했다. 양측 실무자들이 가끔 과하게 일처리를 할 때면 우리 둘이 나서서 진정시키곤 했다. 합병에 관해 처음 아이디어를 낸 것은 청웨이였다. 한 달이 넘도록 논의를 지속했는데 역시나 쉽진 않았다.

1월 21일 선전에서 실질적인 협상에 들어갔다. 보안을 유지하기 위해 항저우, 베이징이 아닌 제3의 도시인 선전의 한 아파트를 빌려 협상을 진행했다. 아침 8시부터 밤 9시까지 총 13시간을 논의하였다. 1월 27일 양측의 변호사, 회계, 재무 등을 포함한 16명의 인원이 베이징에 다시 모여 두 번째 회의를 진행하였고, 양측의 협상결과 2월 11일에 사인을 완료했다.

이대형 2015년 2월 Analysis international이 발표한 〈중국 택시앱 시장 분기별 보고서〉에 따르면 중국 택시앱 전체 사용 유저 수가 2014년 12월을 기준으로 1.72억 명에 다다르고 있으며 콰이디와 디디의 점유율은 각각 56.4%, 43.3%로 둘의 시장점유율 합계는 99.8%에 이르러 거의 모든 시장을 장악하고 있다 해도 과언이 아닐 정도였다. 하지만 생각처럼 일이 쉽게 풀리지만은 않았을 것 같다. 동영상 플랫폼 1, 2위 업체인 요쿠와 투도우가 합병했을 때에도 모든 시장을 금방 지배할 수 있을 것 같았지만 새로운 경쟁자가 등장하면서 험난한 길을 걷게 되지 않았는가.

뤄찬페이 맞다. 이미 이다오용처와 선저우렌트카神州租車 등이 새로운 경쟁자로 부각되었고, 바이두를 등에 업은 우버Uber도 중국 시장에 공격적으로 들어오고 있다. 기업이 창립된 지 불과 3년밖에 되지 않았기 때문에 앞으로 해야 할 일, 가야 할 길이 더 많다.

이대형 중국의 반독점법 규제는 어떻게 보고 있는가? 〈중화인민공화국독점금지법〉을 참고했을 때, 합병 이후 주주 구성에 따라 정부의 규제를 받을 수도 있다고 본다. 정부의 규제를 피해 주주가 구성돼야 할 텐데 현재 두 회사의 상황을 보면 그리 단순해 보이지만은 않는다.

뤄촨페이 콰이디와 디디의 시장점유율은 큰 반면 매출은 아직 크지 않다. 그리고 이제 막 생겨난 산업이 반독점법에 대해 언급하는 것은 맞지 않다고 본다. 비약이라 할 수 있겠지만 인구 십만 명의 도시에 편의점 2개의 주인이 같아진다고 해서 독점이라고 말할 수 없지 않은가.

이대형 보조금과 관련해 질문이 있다. 사실 택시앱 시장이 이렇게 빠르게 성장한 데에는 보조금의 힘이 굉장히 컸다고 본다. 보조금 없이는 결코 시장이 성장할 수 없다는 주장도 있다. 앞으로 두 회사가 보조금을 지급하지 않으면 결국 성장을 멈추게 될 수도 있는 것 아닌가?

뤄촨페이 보조금을 통해 시장이 폭발적으로 성장했던 부분은 인정한다.

사용자들이 택시앱 서비스의 장점을 충분히 경험해 볼 수 있었던 계기였다고 생각한다. 이제부터는 창의력과 서비스 가치의 승부다.

전통적인 택시산업에는 개선해야 될 부분이 많았다. 예

컨대 택시를 타기 위해서는 멀리 이동해야 했거나 오래 기다려야 했고, 택시기사들은 친절하지 않아 불쾌감을 불러일으켰으며 가끔씩 안전하지 않은 상황도 발생했다. 하지만 택시앱을 통해 아무데서나 택시를 부를 수 있게 되어 이용이 편리해졌고 이동경로를 파악할 수 있어 안전도 또한 높아졌으며 게다가 기사들이 친절하지 않으면 별점을 통해 바로 피드백을 줄 수 있게 됐으므로 고객만족도 또한 높였으며 이외에도 많은 혁신들을 계속해 시도하고 있기 때문에 보조금 없이도 시장을 충분히 성장시킬 수 있다고 본다.

이대형 콰이디와 디디의 합병을 보면 삼국시대의 촉한과 동오가 동맹을 맺어 북위와 대항하던 모습이 생각난다. 사실 동오에서 촉한을 건국한 유비의 아우인 관우를 죽였기 때문에 불구대천의 원수였음에도 불구하고, 더 큰 적에게 대항하기 위해서 손을 잡았다. 콰이디와 디디가 촉나라와 오나라라면 여기서 위나라는 전통 운수산업에 해당하는 것 같다. 이제 더 큰 전쟁에서 꼭 승리하기를 바란다.

4

변화를 먼저 읽어내는 자가 승리한다

바이두 리옌훙 빅데이터를 통해 예측해 보는 인터넷의 미래

360 저우훙위 사물인터넷이 가져올 새로운 기회와 위기

어러머 장쉬하오 중국은 지금 O2O 비즈니스 열풍

요쿠투도우 구용창 동영상 플랫폼이 한-중 콘텐츠 시장을 좌우한다

YY 리쉐링 콘텐츠 시장의 지각변동

Bai

바이두 리옌훙
빅데이터를 통해 예측해 보는 중국 인터넷의 미래

"허리케인이 불면 사람들은 에그타르트가 먹고 싶다?" 빅데이터로 상관관계를 분석한다

이대형 최근 '빅데이터'라는 말을 많이 듣는데 이게 무슨 개념인지 설명해 줄 수 있는가?

리옌훙 빅데이터는 정말 유용한 것이다. PC와 모바일기기의 사용이 늘어남으로써 인류가 만들어내는 데이터의 양이 폭발적으로 증가했다. 그 결과 기하급수적으로 늘어나는 데이터를 분석하고 처리할 만한 기술이 요구되었고 이에 빅데이터가 등장했다. 방대한 규모의 정보를 처리할 수 있는 저장용량과 컴퓨팅파워 및 알고리즘이 크게 개선되었으며 많은 인터넷 기업들이 기술발전의 도움을 받아 데이터의 바다 속에서 이전에는 알 수 없었던 인사이트를 도출하기도 하고 증명해내지 못했던 인과관계나 상관관계를 찾아낼 수도 있게 되었다.

이대형 데이터의 양이 엄청나게 증가했다고 하는데, 얼마나 증가했는가?

리옌훙 지난 2년간 발생했던 정보량은 인류의 역사가 시작되고 난 이후 1만 년 동안의 정보량과 같다. 또한 계속해서 빨라지고 있는 추세다.

이대형 앞으로는 500억 개의 스마트 디바이스smart device가 데이터를 수집하거나 전송하는 용도로 사용될 것이라고 한다. 클라우드 컴퓨팅은 어떻게 생겨난 것인가?

리옌훙 클라우드 컴퓨팅은 대량의 자원들 즉, 계산이나 저장, 네트워크, 데이터 등을 가상화시킨 후 종합해 일종의 서비스로 변형시키는 것이다. 좀 더 쉽게 말해 언제나 얻을 수 있는 무한한 자원을 가지고 있다고 생각하면 된다. 마치 수도꼭지를 틀면 물이 나오고, 코드를 꼽으면 전기가 나오며, ATM기기에서는 돈을 뽑는 것과 같다. 과거 사람들은 데이터를 계산하거나 저장하는 데에 PC의 사용이 충분할 것이라고 생각했지만 오늘날 들어 데이터 양이 점차 증가하고 세분화되며 실시간화될수록 PC로는 충족될 수 없게 되었다. 그래서 반드시 클라우드 컴퓨팅을 사용해야 한다.

이대형 2009년 신종인플루엔자가 발생하기 대략 몇 달 전에 구글이 세계보건기구에 신종인플루엔자가 발생할 것이라고 알렸다는 기사를 본 적이 있다. 당시 구글은 각종 추세를 분석한 결과로 신종인플루엔자 발생을 예상할 수 있었다고 이야기했으나 그 원인에 관련해서는 추정하기가 어렵다고 전했다. 이를 발견했던 프로그래머들 또한 '어떠한 인과관계 때문인지'에 관해선 모른다고 했다. 이에 대해 어떤 이론가는 "과거에는 '인과관계' 즉, 어떤 원인으로 이런 결과가 나왔는지에 대해 집착했었다면, 앞으로 다가올 빅데이터 시대에는 '상관관계'로 바뀔 것"이라고 말한다.

한 예로, 손전등과 에그타르트를 함께 진열하는 월마트를 들 수 있다. 월마트에서는 허리케인이 불어오는 계절이 되면 사람들이 손전등이나 우비와 같은 응급물품들을 구매할 때 에그타르트 또한 먹고 싶어 한다는 사실을 알아냈다. 인과관계로는 '허리케인이 불면 사람들은 에그타르트를 먹고 싶어 한다'라는 결과를 도출해낼 수 없다.

하지만 데이터들을 기반으로 한다면 '허리케인이 불면 사람들은 에그타르트를 먹고 싶어 한다'라는 현상을 알아내, 허리케인과 에그타르트 간의 상관관계에 관해 분석해낼 수 있는 것이다. 무엇 때문에 이런 결과가 나올 수 있는지 정확히 설명할 수 있는 사람은 아무도 없지만 두 행위(긴급물품을 구매할 때 에그타르트가 땡기는 것)가 동시에 발생한다는 사실은 분명히 알 수 있었다. 그래서 월마트는 손전등과 에그타르트를 함께 진열해 놓는다고 한다.

리옌홍 빅데이터로 새로운 세계를 연구할 수 있는 방식이나 통로를 연 것 같다. 조금 전 구글이 신종인플루엔자를 발견한 사례를 말해주었는데 사실 굉장히 간단하다. 바이두도 마찬가지지만 우리는 검색엔진을 'database of intention'[9]이라고 부른다. 당신이 어떤 것에 관해 검색

9) 검색어들을 데이터베이스화하여 사람들이 원하는 것을 알아낼 수 있음을 의미함.

한다는 행위는 곧 그것에 관심을 갖고 있다는 뜻이다. 궁금한 것이 있을 때 바이두(검색엔진)를 통해 물어보면 된다. 친구들이나 가족에게 묻기 싫은 것들은 검색엔진을 통해 관련 검색어만 검색해 보면 된다.
만약 어떤 사람이 몸에 이상이 있다고 생각돼 검색엔진을 통해 해당 증상을 검색하는데 특정 지역에서 이런 증상을 검색하는 횟수가 갑자기 높아지게 되면 우리는 일종의 전염병을 예상할 수가 있는 것이다.
이렇게 축적된 많은 데이터를 기반으로 산출해낸 현상 간의 연관성은 과거에 우리가 몰랐던 것일 수도 있고 주의를 기울이지 못했던 것일 수도 있다.
빅데이터를 이용해 연관성을 파악함으로써 결과를 알게 된다. 그 결과를 토대로 원인을 찾아내는 것이다.

이대형 2014년 월드컵 때 소프트뱅크, 구글, 바이두가 인공지능 엔진으로 각 시합의 결과를 예측했고, 토너먼트에서 100%의 예측률을 보였다. 이는 빅데이터의 형식이나 예측방식이 점차 정확해지고 있음을 의미한다. 작년 중국의 한 엔지니어가 오스카 시상식에 관하여, 영화의 인기 및 소셜네트워크를 통한 평가와, 과거 데이터 등을 기반으로 예측한 결과 24개의 수상결과 중 23개를 맞춰냈다.

리옌홍 빅데이터는 정말 대단하다. 우리가 과거에 생각하지 못했던 것들을 할 수 있다. 한 예로, 금년 수능을 앞두고 우리 팀은 수능 작문 주제를 맞춰보자고 한 적이 있었다. 과거에 출제됐었던 작문 주제, 각 지역성(중국은 지역마다 수능 문제가 다름), 예문, 당시의 인기 시사 등을 통해 방향성을 찾았고 4~5개 성의 작문 주제를 맞췄다.

이대형 빅데이터는 전통적인 뉴스(신문)나 오락 등에 큰 충격을 가져다 주었다. 허핑턴포스트The Huffington Post를 예로 들자면, 과거에는 몇십 년이라는 편집자의 경험을 바탕으로 독자의 니즈나 아이템 선정, 기사의 위치 등이 정해졌었으나 이제는 컴퓨터를 통해 모든 작업이 진행된다고 한다.

리옌홍 맞다. 그런 작업은 당연히 컴퓨터가 더 잘해낼 수 있다. 만약 당신이 IT 관련기사를 클릭한다면 우리는 당신이 IT에 관심을 갖고 있다는 사실을 파악하게 된다. 그래서 우린 당신이 스크롤바를 내릴 때 더 많은 IT 기사를 제공할 수 있도록 한다. 이는 몇 초 전에 당신이 한 행위가 몇 초 후의 당신에게 영향을 끼친다는 것을 보여주고 있는 것이다.

“인터넷의 성장은 인간과 산업의 형태를 변화시킨다” 중국 인터넷 산업에 주목하라

이대형 중국은 인구도 많고 유동량도 굉장히 많은 편인데 빅데이터가 중국에 어떤 영향을 가지고 올 것이라고 보는가?

리옌훙 예전에 원자바오 총리가 바이두에 방문한 적이 있는데, 우리가 음성 검색 지원을 보여주면서 궁금한 걸 말로 물어보면 검색해 준다고 했더니 지금 고궁에 사람이 많은지 물어봤었다. 우리 기기가 그 중 몇몇 글자는 식별했지만 산출한 결과는 그가 원하던 바가 아니었고, 어떤 특정한 날에 고궁에 사람이 많은지에 대한 자료들이 검색되어 나왔다. 당시 우리는 이런 질문이 있으리라고는 전혀 생각하지도 못했을 뿐만 아니라 그에 관한 검색결과를 알아낼 기술조차 없었다. 나중에 많은 분석을 거쳐 어떤 특정한 곳에 자리를 원하는 사람이 많으면 그곳에 사람이 많다는 것을 알아냈다. 그래서 지금 바이두에서는 이화원에 사람이 많은지, 천안문은 어떤 상태인지 검색하면 열에너지 지도로 실시간 상황을 알 수 있게 됐다. 이런 것들 모두 빅데이터를 통해 이루어낸 것이다. 아직까지는 빅데이터의 초기라고 볼 수 있다. 사실 데이터들의 대부분은 목적 없이 발생할 때도 있고 가치가 없을 때도 있다. 그러나 특정한 것에 근거해 데이터가 발생할 때 산출될 능력은 엄청난 가치가 생긴다. 앞으로 나타날 데이터들은 목적을 갖고 탄생할 것이다.

이대형 빅데이터나 클라우드에 대한 개념이 소개된 지는 꽤 오래되었지만 실제로 활용되기 시작한 지는 불과 몇 년이 지나지 않았다. 그런데도 이렇게 큰 변화와 가능성을 보여준다는 점은 정말 대단한 일이다. 빠르게 변화하는 인터넷 시대를 앞서가는 바이두 입장에선 매우 흥분될 것 같다.

리옌홍 물론 기분이 좋을 때도 있지만 괴로울 때도 많다. 언제 새로운 것이 나타날지 모르고 내가 뒤처질지도 모르기 때문이다. 세상은 너무 빠르게 변하고 있다. 여전히 문자검색을 사용하는 사람들이 많지만 근래 들어 음성검색이나 이미지검색 이용률이 엄청나게 증가했다. 5년 후에는 50% 이상의 사람들이 문자검색이 아닌 음성이나 이미지검색을 사용할 것 같다. 그리고 10년 뒤쯤에는 사람들 생각을 미리 파악해서 검색할 수 있는 상품이 나오지 않을까.

이대형 변화의 추세를 파악하고 충분한 자원을 통해 부단히 노력하고 있는데, 위기감을 느끼는가?

리옌홍 위기감을 느낀다. 나는 항상 우리가 충분히 빠르지 못하다고 생각한다. 좀 더 빨랐다면 더 잘할 수 있었을 텐데. 만약 다른 사람이 우리보다 빠르게 새로운 기술을 개발하게 되면 우린 도태될지도 모른다.

이대형 바이두, 알리바바, 텐센트를 BAT라고 칭하고 삼국전쟁이라 부르는데 이에 대해 어떻게 생각하며 어떤 방향으로 발전하고 있다고 생각하는가? 그리고 바이두를 어떻게 정의하는가?

리옌홍 인터넷 산업은 빠르게 변화하는 과정에 놓여 있다. 현재 상위기업으로 BAT를 뽑지만 몇 년이 지나면 바뀔 수 있으므로 후발주자들에게도 아직까지 많은 기회가 존재한다. BAT 역시 서로 직접적으로 경쟁하는 관계가 아니며 각자의 능력으로 전통 산업이라는 큰 적을 상대하고 있는 것이다.

텐센트는 제품이 우수하고 알리바바는 운영이 뛰어나며 바이두는 기술이 탁월하다.

현재 바이두가 실행하고 있는 영화티켓 공동구매를 예로 들어 보겠다. 먼저 바이두에서 직접 앱을 검색하거나 영화제목을 검색해 보자. 내 주변의 영화관 검색뿐만 아니라 할인도 받을 수 있고 자리예매까지 가능하다. 바이두를 통해 영화관의 관객동원율 즉, 효력이 높아질 수 있는 것이다. 노래방이나 식당도 마찬가지다. 이렇듯 효력을 높여 줄 수 있는 것들이 굉장히 많이 있다.

BAT 서로가 경쟁자라는 사실은 자명하나 현재는 협력하며 시장을 바꿔나가고 있다. 시장의 규모가 굉장히 크다.

이대형 앞으로의 2년 사이에는 어떤 일이 발생할 것 같은가?

리옌훙 모바일 인터넷의 계속되는 성장은 사람들에게 근본적인 변화를 가져다 줄 것이다. 현재의 인터넷 회사들뿐만 아니라 전통 산업도 변화되어, 전통 산업들은 인터넷과 더 긴밀하게 결합돼야 하고 휴대폰을 통해 그들이 원하는 서비스를 얻을 수 있도록 해야 한다.

과거의 검색엔진은 사람과 정보를 연결시켰지만 미래의 검색엔진은 사람과 서비스를 연결시킬 것이다. 조금 전에 예로 든 영화관처럼 단순한 정보 제공이 아니라 검색자가 영화를 볼 수 있도록 하는 모든 서비스를 제공하게 된다는 뜻이다. 사람들이 원하는 것을 제공하기 위해 전통 산업은 인터넷을 포용할 줄 알아야 한다.

이대형 그럼 관점을 바꿔서 다른 질문을 해보겠다. 구글의 경우 빅데이터를 통한 서비스고도화 과정에서 개인정보침해 이슈로 전 세계에서 많은 소송을 당하고 있다. 이전에 구글의 창업자였던 세르게이 브린Sergey Brin이 "사용자에게 더욱 유용한 정보를 주기 위해 개인정보를 모으는 것은 사생활 침해가 아니다"라고 발언했다가 언론의 뭇매를 맞기도 했다. 빅데이터와 빅브라더가 연관검색어로 등장할 만큼 데이터활용의 고도화와 사생활 침해를 연결해서 비판하는 사람들이 많은데, 당신의 생각은 어떠한가?

리옌홍 과거 등소평 주석은 중국의 경제개방 당시에 "흰 고양이든, 검은 고양이든 쥐만 잘 잡으면 된다"고 이야기했다. 중국인들의 합리주의와 실리주의를 잘 표현한 문장이라고 생각한다. 사실 중국에서 프라이버시의 침해와 같은 감정논리는 성장논리에 막혀 서양을 비롯한 다른 선진국들에 비해 덜 중요하게 다뤄지는 게 사실이다. 다른 선진국들에서는 이러한 문제에 어떻게 대처하고 있는가?

이대형 개인정보 침해 이슈는 여전히 뜨거운 감자지만 많은 서비스들이 SNS 기반으로 변하면서 또 다른 양상을 보이고 있다. 과거에 구글이 이메일에 사용됐던 단어들을 사전화하여 타깃광고를 하는 데에는 굉장히 민감하게 반응했던 유저들이 페이스북의 타깃광고에는 너그러운 경향을 보인다. 더 민감한 개인정보를 활용했음에도 불구하고 말이다. 또한 구글메일에서 친구와 영화 이야기를 나눈 뒤에 영화 광고가 뜨면 기분 나빠하지만 페이스북에서 어떤 영화에 대해 좋아요 버튼을 누른 뒤 타임라인에 영화 추천이 뜨면 정보로 받아들인다. 인터넷 사용자들의 서비스 경험이 축적되면서 스스로 자신들의 개인정보를 제공했음을 인지하고, 어떠한 방식으로 서비스에 활용되는지 체감적으로 알게 됐기 때문에 나타난 차이라고 본다.

360 저우훙위
사물인터넷이 가져올 새로운 기회와 위기

다들 미쳤다고 했지만 우리에겐 기회였다

이대형 사물인터넷IOT: Internet of Things이 중국 인터넷의 미래라는 이야기를 많이 했다고 들었다. 당신이 생각하는 사물인터넷이란 개념은 무엇인가?

저우훙위 사물인터넷이라는 말이 신선해 보이지만 사실상 오래전부터 존재해왔다. 우리가 사용하고 있는 모든 가전기기, 예컨대 TV나 세탁기뿐만 아니라 일렉트로닉 디바이스electronic device가 아닌 옷, 가방, 소파 같은 물건에도 컴퓨터가 탑재되어 인터넷에 연결돼 새로운 가치를 창조해낸다는 뜻이다.

이대형 새로운 가치를 창조한다는 것은 무슨 의미인가? 좀 자세하게 설명해 줄 수 있는가?

저우홍위 사람과 인터넷의 관계, 사람과 만물인터넷의 관계를 상상해 보면 이해하기 쉬울 것 같다. 근래에 우리가 흔히 보고 듣는 하드웨어나 물건들은 모두 다 하나같이 휴대폰 같지 않은 휴대폰이라 할 수 있다.

제품들의 변화를 비롯해 많은 사업으로 인해 기술의 개념뿐만 아니라 유저의 체험 또한 자연스럽게 인터넷화되었다. 최근 GE의 사례를 예로 들 수 있는데, 그들은 비행기의 엔진을 전부 네트워크로 연결해 실시간 위성연결을 가능케 했다. 공중에 있는 비행기의 엔진을 실시간으로 모니터링할 수 있으므로 문제발생의 유무를 실시간으로 보고받게 되었고 그 결과 엔진을 임대하거나 일회성으로 판매했던 기존 사업이 오랜 기간 서비스를 제공할 수 있는 방식으로 사업의 형태가 변화되었다.

따라서 모든 기업들은 인터넷 기업으로 변화될 수 있다. 전기차로 유명한 테슬라Tesla 역시 서버로 연결되는데 이는 인터넷 기업으로 변화할 수 있는 여러 가지 가능성을 보여준다. 테슬라는 실시간 소프트웨어 업데이트 서비스 제공, 내비게이션 검색, 심지어 '당신이 타고 있는 자동차 주위에서 어떤 마트가 세일을 하고 있는지'도 알려준다. 아마도 미래의 하드웨어 시대에는 '물건을 판다'는 개념이 사라지게 될 것이다.

나는 주행기록기에 한 번 도전해 보고 싶다. 만약 저렴한 가격에 판매하게 된다면 중국의 1천만 차들에 캠을 설치해 제일 정확한 도로상황 정보를 제공하게끔 할 것이다. 그러면 이 회사는 주행기록회사가 아닌 하나의 커다란 데이터회사가 된다. 이처럼 인터넷화가 이루어지면 모두가 서비스업이 된다.

이대형 개념적인 이해는 충분히 됐다. 그런데 실제 사업화를 진행함에 있어 중국의 기업들은 어떻게 접근하고 있는가?

저우홍위 과거의 사업은 굉장히 간단해 돈을 받고 물건을 팔기만 하면 됐다. 하지만 오늘날에는 서비스 중 일부는 무료여야 하며 새로운 것들을 계속해서 만들어내야 한다. 게다가 국가 간의 산업장벽이 무너진 지 오래인데다가 중국 기업들 간의 경쟁을 넘어 전 세계를 무대로 삼아야 하기 때문에 힘이 든다.

예전에 화웨이[Huawei]가 "우리는 하드웨어 설비 제조회사이기 때문에 정보 서비스는 제공하지 않을 것이다"라고 말한 적이 있었다. 하지만 결국 말을 번복할 수밖에 없었다. 휴대폰을 파는 것은 사업의 일부일 뿐이기 때문이다. 오늘날 휴대폰의 가치는 내비게이션, 검색, 게임, 생활 서비스 등을 이용하는 데 있지 본래 기능인 이동전화에는 큰 비중이 있지 않다. 그러므로 휴대폰 판매가격을 최대한 낮춘 샤오미의 전략은 옳았다고 생각한다.

나는 샤오미가 휴대폰을 1,999위안에 팔 때, 수많은 기존의 휴대폰 회사들은 무엇을 했는지 묻고 싶다. 당시 삼성은 6,000위안이 넘었고, 우리는 4,000위안이 넘었다. 팔리지 않아도 이 가격으로 내놓을 수밖에 없었는데 이는 샤오미에게 큰 기회였던 것이다. 지금에 와 생각해 보면 화웨이, 리엔시앙[聯想]이나 쿠파이[酷派], 삼성 모두 샤오미를 따라 가격을 내리게 되었지만 사용자들의 마음은 샤오미가 진작에 차지하게 된 것 같다.

360이 무료백신을 서비스할 때 경쟁사들은 우릴 보며 미쳤다고 생각했을 것이다. 당시 우리는 무료서비스를 선택했었는데, 그 다음에는 어떻게 해야 할지 우리 스스로도 몰랐었다. '우선 해 보고 다시 생각해 보자'였다.

그러나 360이 백신만 붙잡고 있으면 나중에 경쟁에서

밀릴 것이라 예상했으므로 검색, 내비게이션, 브라우저로 분야를 넓혀 나갔다.

텐센트의 경우 현재 중국 최대 통신서비스상이며 게임에서 거의 모든 매출이 발생되고 있지만 앞으로는 전자상거래를 통해 수익을 획득하게 될 것이다.

"네트워크 공격으로 당신의 자동차가 말을 듣지 않는다면?" 사물인터넷 시대, 보안이 중요해진다

이대형 360에 초점을 맞추어 질문해 보겠다. 360은 사물인터넷 시대를 어떻게 준비하고 있는가?

저우훙위 '360'이라는 명칭은 360도 전방위 네트워크 보안으로 유저를 보호하겠다는 뜻을 내포하고 있다. 우리가 시만텍[Symantec], 맥아피[McAfee]와 같은 기타 보안기업과 크게 다른 점은 '보안은 검색, 메일, 메신저와 같은 인터넷의 기본적인 서비스로서 당연히 무료로 제공되어야 한다'고 생각한 데에 있다.

사물인터넷 시대가 도래하며 자동차를 비롯해 가구 혹은 우리 신체에 착용할 수 있는 각양각색의 물건들, 심지어 많은 공업생산제조업의 설비들이 모두 스마트화될 수 있고, 네트워크에 실시간 연결이 가능하게 될 것이다. 많은 오프라인의 것들과 인터넷이 함께 연결돼 제4대 공업혁명이 일어날 수도 있다고 본다.

하지만 사물인터넷은 보안 문제와 관련하여 세 가지 큰 도전과 위협을 가지고 왔다.

첫째, 각종 사회에 대한 공격 가능성이 크게 증가할 것이다.
각종 설비들이 와이파이나 블루투스, 지그비ZigBee 등 다양한 무선통신으로 기업네트워크에 연결될 수 있다는 사실은 더 많은 공격 가능성을 포함하고 있음을 뜻한다. 만약 당신의 자동차에 블루투스와 와이파이가 있고 휴대폰으로 열쇠를 제어한다 했을 때, 나는 당신의 휴대폰을 공격해 제어함으로써 당신의 자동차까지 마음대로 통제할 수 있게 될 것이다. 이는 당신이 운전할 때 내가 문제를 발생시켜 당신을 위험에 빠뜨릴 가능성을 의미한다. 앞으로 자동차에도 방화벽이 필요한 때가 닥쳐

올 것이 분명하다.
그러므로 보안은 앞으로 더 심각한 이슈를 만들어낼 것이다. 사물인터넷은 모든 보안기업의 거대한 도전이자 기회이다.

둘째, 프라이버시의 노출이다. 과거에 '네트워크 공격'이라 지칭했을 시 우리가 일반적으로 생각해낼 수 있는 장면은 문서의 손실이었다. 그러나 휴대폰이 공격 당할 경우에는 상황이 좀 달라져 많은 프라이버시의 노출에 대해 고민해 봐야 한다.
여기서 사물인터넷이 보급된다면 어떻게 될까? 사물인터넷에 대한 공격이 거대한 물리적 손해 및 인신 상해로 다가올 가능성이 크다.
만약 운전 도중 당신의 자동차가 말을 듣지 않거나 고속도로 한복판에서 멈춘다면? 더 나아가서 테러리스트가 네트워크를 통해 공장, 교통신호등, 엘리베이터, 심지어는 당신의 현관문까지 제어하게 된다면?
네트워크 공격의 결과는 정보나 개인 프라이버시 데이터의 손해보다 더 심각한 위험을 초래할 가능성이 크다고 생각한다.

셋째, 유저 데이터의 프라이버시 문제이다.

PC는 우리의 업무시간에만 얼마의 데이터를 생산한다. 휴대폰 사용이 활성화된 이후부터는 잠자는 시간을 제외하고는 각종 앱을 통해 아주 많은 양의 데이터가 만들어지고 있다. 즉, 휴대폰이 PC보다 더 많은 빅데이터를 업로드하고 있음을 의미하는데 사물인터넷 설비 이후에는 데이터 양의 수치가 현재의 10배는 될 것으로 보인다.

현재 중국에는 6억 유저가 있지만, 평균 한 명당 두 대의 휴대폰을 사용하고 있다. 앞으로 사람들이 각각 5~10개의 사물인터넷 기기를 갖게 된다면 한 가정 안에서 20개의 서로 다른 기기가 작동되고 있을 것이며 심지어는 전구나 콘센트에도 인터넷이 연결될 것이다.

그래서 당신은 사물인터넷 설비 수치가 현재보다 1~20배 정도 증가하는 모습을 보게 될 것이며 몇 년 후 중국 시장에 인터넷과 연결되는 사물들의 양이 15억이 아닌 150억에서 200억으로 껑충 뛸 가능성이 충분하다. 이는 아주 거대한 수치라 할 수 있겠다.

지금도 개인별로 관리해야 하는 기기와 웹사이트의 계정정보가 꽤 많은데 앞으로는 더 많아질 것으로 예상된다. 이와 관련해 데이터의 보관·복구, 데이터 소유권의 변경, 인증과 관련된 많은 문제들, 공유의 범위 등 유저 데이터와 밀접한 관계를 맺고 있는 수많은 프라이버시 문제가 도사리고 있다.

이대형 설명 잘 들었다. 사물인터넷 시대의 보안의 중요성 및 360의 비전은 잘 이해했다. 나반 나는 사물인터넷에 대한 근래의 기대가 너무 과장된 것은 아닌지 그리고 중국에서 특히 그 열기가 뜨거워 큰 거품으로만 발전하지는 않을지…… 걱정이 된다.

저우홍위 확실히 그러한 면이 있다. 그렇지만 이것은 전 세계적인 추세가 아닌가 싶다. 미국에서는 구글 글래스의 실패 등을 예로 들며 사물인터넷에 대한 과도한 기대를 경고하는 사람이 많다. 당신의 생각은 어떠한가?

이대형 구글 글래스는 90%의 성공과 10%의 실패를 달성해냈다고 본다.

저우홍위 흥미로운 관점이다. 90% 성공의 의미는 무엇인가?

이대형 구글 내부의 엔지니어들과 업계의 많은 사람들이 구글

글래스를 통해 안경의 역할과 가능성에 대한 상상력이 진일보될 수 있었다. 우리가 영화에서 상상했던 미래 안경의 역할을 하기 위해 한계가 무엇이고 무엇을 더 연구해야 할지를 많은 사람들에게 뼈저리게 느끼게 해주었다. 또한 구글이 '사물인터넷 안경'의 첫 번째 주자임을 널리 알리는 것에는 엄청난 의미가 있다. 사람들은 항상 첫 번째를 기억하지 않는가?

저우홍위 10%의 실패는 어떤 의미인가? '상업적인 실패', '최고의 경험을 선사하는 것의 실패' 이외에 다른 의미가 있는가?

이대형 그것보다는 구글 글래스의 실패로 구글이라는 기업과 프로젝트의 구성원들이 필요 이상으로 타격을 받은 것 같다. 어차피 이러한 시도는 실패하기 마련인데, 실패로 인해 조직의 수장과 구조가 바뀌는 것에는 부정적인 의미가 크다. 이를 설명하기 위해 질문 하나 하겠다. 과거에 노키아는 삼성의 세 배에 달하는 엄청난 규모의 휴대폰 제조사였으나 현재는 쇠락해서 조각조각 매각되고 있다. 왜 노키아가 이렇게 되었다고 생각하는가?

저우홍위 스마트폰 대응에 실패했기 때문이 아닐까 한다. 스마트폰 시장 진출에 뒤처졌기 때문 아닌가?

이대형 노키아가 쇠락한 이유는 사실 스마트폰 시장 진출이 너무 빨랐기 때문이다. 노키아는 미래의 휴대전화가 어떻게 발전할지 잘 알고 있었기 때문에 일찍부터 과감한 투자를 실행했다. 2000년도 초반에 이미 스마트폰을 출시했는데, 그때는 3G와 같이 빠른 무선 네트워크도 없었고, 안드로이드 OS나 크롬 웹브라우저, 심지어 콘텐츠마저도 없었다. 그러다 보니 노키아는 이 모든 것을 다 내부에서 진행할 수밖에 없었는데, 상상을 초월하는 비용을 써가며 과감하게 사업을 추진했지만 오랜 기간 성과를 내지 못했다.

이렇게 수년의 시간이 흘러가자 노키아 내부에서는 스마트폰에 대한 회의론과 비관론 및 패배주의가 팽배해졌으며 애플이 아이폰을 출시하고 구글이 안드로이드 OS와 구글맵, 크롬 등을 출시하던 황금시기에는 추진 동력을 잃고 쇠락하게 되었다고 생각한다.

사실 사물인터넷이 근래의 핫키워드이긴 하지만 오래된 개념이기도 하고 생각보다 오랜 시간이 걸릴지도 모른다. 기업의 규모가 작다면 실패를 계속하더라도 리더 한 사람이 의지만 갖고 있다면 충분할 수 있지만, 구글과 같이 큰 기업일수록 실패가 반복되면 동력을 쉽게 잃는다. 나는 '사물인터넷이 중국 기업에 과도한 기대치를 심어 주어 위기를 맞게 하지 않을까' 하는 걱정이 든다. 어려운 이야기이지만 때를 잘 보는 지혜가 필요하다.

어러머 장쉬하오

중국은 지금 O2O 비즈니스 열풍

장쉬하오 张旭豪 | 1985~

상하이 지아오통대학교의 평범한 대학원생이었던 장쉬하오는 친구들과 밤늦게까지 게임을 하면서 음식을 시켜먹는 일이 잦았다. 그러다가 음식 배달업에 뛰어들어 2008년 음식 배달서비스 '어러머'를 친구들과 함께 창업하게 되었다. 배달을 자주 시키지만 매번 전단지 묶음을 뒤적거리거나 가게마다 일일이 전화해 주문하기를 귀찮아하는 대학생들이 타깃이었다. 처음에는 교내 서비스로 시작해 유선전화로 주문을 받았다. 또한 배달을 하지 않는 식당을 찾아다니며 배달을 대행해주는 일도 함께했다. 2009년에는 인터넷 사이트를 열어 본격적으로 인터넷 서비스를 시작했다. 요식·배달업계 O2O 서비스가 시작된 셈이었다.

기존 비즈니스 모델에서는 가맹점들로부터 8~15%의 수수료를 받았었으나 영세 음식점들이 불만을 갖고 이탈하자 수수료를 과감하게 없애버렸다. 대신 자체적으로 연구·개발한 식당관리 서비스 솔루션인 Napos를 식당에 제공했다. Napos는 음식 주문과 식당 메뉴관리, 식당 경영에 필요한 통계까지 볼 수 있는 시스템이다. 2010년부터는 모바일 애플리케이션 '어러머'를 만들어 서비스했다. 2011년에는 미국 실리콘밸리에서 100만 달러의 투자를 유치하며 베이징과 항저우에, 2012년에는 광저우廣州·Guangzhou와 톈진天津·Tianjin에 분사를 설립했다. 현재 중국 260개 도시에서 하루 평균 200만 건의 음식 배달 주문을 처리한다. 이용자 수는 2,000만 명이 넘어섰다. 주요 타깃층은 10~20대인데 최근에는 30~40대 직장인으로까지 범위가 확장되고 있다. 2011~2015년 사이에 여러 기관으로부터 큰 규모의 투자를 받았으나 어러머 가맹점이 매우 빠른 속도로 증가하고 있기 때문에 이를 감당하기 위해 자금이 계속해서 투입되고 있다고 한다. 어러머는 2018년 주식 상장을 목표로 하고 있다.

가장 먼저
모바일 골목상권을 차지하라

이대형 요즘 언론에 O2O 비즈니스라는 말이 자주 소개되고 있다. 상당수의 기업들이 기업 규모의 크고 작음에 개의치 않고 O2O 비즈니스에 뛰어들고 있는데 대표적으로는 우버나 디디콰이디와 같은 택시앱, 딜리버리 히어로나 배달의 민족과 같은 배달앱이 있다. 중국 1위 배달앱을 서비스하고 있는 청년 창업가 장쉬하오, 당신을 만나게 되어 반갑다. '어러머'라는 서비스 이름이 특이하다. 무슨 뜻인가?

장쉬하오 반갑다. 어러머饿了么는 '배고프냐?'라는 의미이다. 보통 중국어에서 의문문을 쓸 때에는 마吗를 쓰지만, 조금 더 장난스럽게 표현하고자 구어체인 머么를 사용했다.

이대형 재미있는 이름이다. 나는 스마트폰이 보급되기도 전인 2009년부터 배달 서비스를 시작한 당신이 선견지명이 놀랍다. 배달 서비스의 미래를 예견하고 시장에 뛰어든 것인가?

장쉬하오 그렇다기보다는 오히려 생계형 창업에 가까웠다. 다만 기술 발전의 흐름에 따라 서비스의 형태를 차츰 발전시켜 나갔던 것이 결국에는 현재의 어러머를 만든 것 같다.

이대형 어러머의 직원 수는 이미 폭발적인 성장을 이루었다. 2014년의 주요 성적은 어떻게 되는가? 또한 앞으로 얼마나 성장이 가능할 것으로 보는가?

장쉬하오 2014년 한 해 동안 어러머를 통한 총 주문 수는 1.1억 건이고, 거래액은 33억 RMB 정도이다. 일 주문량은 200만 건에 다다른다. 전국 250개 도시에서 서비스를 하고 있으며, 20만 개의 식당과 2,000만 명의 사용자를 보유하고 있다. 2014년 중국 요식업 시장의 규모가 2조 8천억 RMB인 것을 감안하면, 앞으로 큰 성장이 기대된다.

이대형 후발 주자가 소셜커머스 메이투안왕의 '메이투안 와이마이'와 바이두의 '바이두 와이마이'인데, 대기업이니만큼 방심할 수 없을 것 같다.

장쉬하오 어러머의 시장점유율이 2013년에는 80%였는데, 2014년에 많은 경쟁자들이 시장에 진출하며 60%로 떨어졌다. 2014년에 어러머는 학교를 주변으로 학생 사용자들을 공략하는 방법을 통해 성장할 수 있었는데, 택시앱 보조금 전쟁으로 유명한 콰이디와 디디 정도는 아니지만 매월 1억 RMB 규모의 보조금 지급 경쟁을 치르기도 했다. 아직은 시장의 규모가 계속 커지고 있는 상황이라 경쟁이라기보다는 시장을 함께 키우고 있다는 느낌을 받는다.

이대형 많은 사람들이 2015년 배달음식 O2O의 경쟁이 직장인 및 일반가정으로 시장확대가 될 것이며 학생 시장의 10배에 달할 것이라 예측하고 있다. 앞으로 배달음식 시장이 어떻게 발전할 것이라 생각하는가?

장쉬하오 직장인들의 경우 객단가를 50RBM으로 예상하고 있어 학생들에 비해 서비스 품질과 관련한 요구사항이 클 것으로 예상된다. 직장인들이 더 많은 비용을 지불하는 만큼 학생들에 비해 따뜻함, 신선함, 빠른 배송에 대한 요구가 높을 것 같다. 이와 관련하여 어러머는 2015년에 세 가지 난제를 해결해야 한다.

첫째, 시장의 규모에 맞게 빠르게 회사를 확장해야 하는

데, 서비스 품질을 유지하면서 빠른 성장을 이루기 위한 팀 관리 및 서비스 능력을 갖추는 게 관건일 것 같다.
둘째, 시장 확대에 따라 투자를 위한 대규모 자금을 조달해야 한다.
셋째, 제휴를 맺은 식당들을 잘 관리해 서비스 품질이 떨어지는 소위 '흑식당'이 나오지 않도록 하는 것이다.

기술의 발전이 서비스의 형태를 바꾼다

이대형 최근 들어 어러머와 같은 O2O 비즈니스들이 다양한 분야에서 생겨나고 있다. 당신이 생각하는 O2O 비즈니스에 대해 소개해 줄 수 있는가?

장쉬하오 O2O 비즈니스는 스마트폰과 같은 모바일 디바이스가 널리 보급되면서부터 본격적으로 발전하기 시작했다. O2O는 Online to Offline라는 단어 그대로 즉, 온라인이 오프라인으로 옮겨온다는 뜻이다. 과거에는 위치가 고정되어 있는 컴퓨터를 통해서만 온라인 비즈니스가 이루어졌기 때문에 온라인 비즈니스와 오프라인 매장 비즈니스의 경계가 명확했다. 따라서 O2O 시장의 영역은 매우 좁은 편이었다. 하지만 스마트폰과 같은 모바일 기기들이 도입되면서 오프라인과 온라인 간의 정보 공유가 실시간으로 이루어지기 시작했고 O2O 시장은 엄청난 속도로 커지게 되었다.

온라인은 광고나 홍보 같은 정보 유통비용이 저렴하고 오프라인은 실제 소비를 일으키기 쉽다. 온라인과 오프라인 각각의 한계를 극복하고 각각의 장점만을 결합한 형태의 비즈니스가 바로 O2O 비즈니스인 것이다. 오프라인에서만 이루어지던 일이었던 배달을 비롯해 택시, 의료, 교육, 숙박, 운송, 가사 등 일일이 열거하기도 어려울 만큼 많은 분야에서 O2O 서비스들이 생겨나고 있다. 최근의 전 세계적인 추세이기도 하다.

이대형 한국에서도 배달이나 택시 업종의 O2O 서비스 외에도, 대기업과 스타트업을 비롯한 많은 업체들이 각자 분야에서의 O2O 서비스들을 다양하게 선보이고 있다. 직방(부동산거래 앱), 쏘카(카셰어링 앱), 굿닥(병원 찾는 앱), 헤이딜러(중고차 경매 앱), 강남언니(성형견적 앱), 얍(O2O커머스 앱) 등 상상력이 미치는 대부분의 분야에 다양한 서비스들이 출시되어 경쟁을 하고 있다.

이와 같이 O2O는 모든 전통적인 오프라인 비즈니스에 도입되고 있고, 파괴적이라 말할 수 있을 만큼 큰 변화를 만들어내고 있다.

한편으로는 '시장의 전체 크기는 전과 다름없이 똑같은데 중간에 수수료를 떼어가는 주체만 추가되어 결국 시장을 어렵게 하는 게 아닌가'와 같이 O2O가 만들어내는 변화에 대해 우려를 내비치는 관점도 있다. 예컨대 한국 배달앱에 입점한 영세상인들의 경우 기존의 전단지 광고를 하는 동시에 배달앱에 광고비용 혹은 수수료 또한 지출해야 하는 이중고에 시달리고 있다는 이야기도 나오고 있는 것이다. 이러한 부분에 대한 당신의 의견은 무엇인가?

장쉬하오 배달음식 서비스 시장이 커진다고 해서 하루에 세 끼를 먹는 사람들이 갑자기 네 끼를 먹게 되진 않는다. 즉, 시장의 전체 크기가 변화하지 않는다고 보는 관점이 있을 수 있다. 하지만 배달앱을 통해 음식에 대한 선택 범위가 증가하게 되면 새로운 수요가 창출돼 시장의 크기가 성장할 수 있다고 본다.

이대형 좀 더 자세히 설명해 줄 수 있는가?

장쉬하오 배달앱으로 인해 맛, 위생 등에 대한 평가관리가 제대로 이루어져 배달음식에 대한 전체 신뢰도가 향상됐다. 이는 곧 배달주문량 증가로 이어졌고 이러한 순현상이 초기부터 관찰돼 왔다. 배달음식은 실제 음식점에서 먹는 것과는 다르게 주방 등과 같은 공간의 상태를 직·간접적으로 볼 수 없다 보니 위생 등에 대한 우려가 있다. 배달앱에는 이러한 우려를 불식시켜 수요 자체를 늘리는 순기능이 분명 있다고 본다.

이전까지는 상하이에 위치한 맛집 A의 음식을 맛보기 위해서는 반드시 그곳을 방문해야 했다. 하지만 어러머에서 현재 준비하고 있는 신선음식배달 서비스가 시작되면 맛집 A에서 10㎞ 근방에 있는 사람들은 주문이 가능해 맛집 A의 매출이 증가하는 효과가 있을 것이다. 즉, 기존에 배달되지 않던 음식도 배달이 가능해졌다.

가장 중요한 점은 전국 각지의 배달음식에 대한 주문 데이터가 쌓이게 되면서 어러머는 빅데이터 분석을 통해 다양한 인사이트를 얻을 수 있는 동시에 응용 또한 할 수 있게 되었다는 것이다. 예컨대 짜장면을 자주 시켜먹는 사람들이 많이 시켜먹는 음식은 무엇인지, 치킨을 시켜먹는 사람들의 공통점은 무엇인지 등등을 분석해 비어 있는 시장기회를 찾아내는 식의 응용이 가능할 것으로 보고 있다.

이대형 한국에서는 배달의 민족이 신선식품 배달 서비스업체 '덤앤더머스'를 인수해 '배민프레시'라는 이름으로 바꾸고, 배달이 되지 않던 식당의 음식을 배달해주는 '배민라이더스'도 시작했다. 이와 비슷한 맥락으로 이해된다.

장쉬하오 우리 역시 한국에서의 비즈니스 성공사례를 관심 있게 보고 있다. 결국 나라마다 문화, 제도에 따라 모습은 조금씩 다르지만 많은 영역에서 O2O를 통한 파괴적 혁신이 일어날 것으로 본다. 이러한 변화에 적응한 사람들은 살아남고, 아니면 도태될 것이다.

이대형 당신과 이야기하다 보니 O2O가 가져오는 변화에 대해 긍정적인 생각을 많이 하게 되었다. 대기업의 자본을 등에 업은 대형 프랜차이즈가 골목상권의 소상인들을 위협하고 있는데, 어쩌면 O2O가 이러한 위협을 견제해 줄 수 있는 좋은 장치가 될 수 있겠다는 생각이 든다.
대기업 프랜차이즈의 장점이라고 할 수 있는 것들-브랜

드 가치를 내세워 서비스 품질을 보장해 주고 전산 및 물류, 구매 인프라 구축을 통한 경쟁력 확보 등-과 같이 대규모 투자가 필요한 부분은 O2O 플랫폼 사업자가 담당하고, 고객과의 접점에서 고객의 입맛에 맞는 다양한 서비스를 제공하는 서비스 현장에서의 각개전투는 소상인들이 담당하는 방법으로 말이다.

요쿠투도우 구용창

동영상 플랫폼이 한-중 콘텐츠 시장을 좌우한다

구용창 古永鏘 · Victor Koo | 1966~

구용창은 홍콩에서 태어나 어린 나이에 유학길에 올랐다. 오스트레일리아 뉴사우스웨일스대학교에서 화학을 전공했고 1985년에는 가족을 따라 미국으로 이민 갔다. 3번의 시험 끝에 결국 캘리포니아 버클리대학교에 입학해 경제학 학위를 받았다. 졸업 후 베이앤컴퍼니 컨설팅 펌에서 일했다. 1992년에는 스탠포드대학교에서 MBA를 받고 2년 후 중국으로 돌아와 리차이나 그룹에서 일했다.

1999년 그는 소후의 부총재 및 CFO로 취임했다. 소후가 상장된 이후 구용창은 경영을 해보고 싶다고 건의해 COO가 되어 판매, 상품의 경영 업무를 인계 받아 결국 총재 자리까지 오르게 되었다. 2004년 말 그는 사임의사를 밝히고 인터넷 업계에서 쌓은 경험들을 토대로 하여 동영상 플랫폼인 요쿠를 창업했다. 2012년 구용창은 요쿠와 2위 업체인 토도우를 합병해 업계에 파란을 불러일으킨 바 있다.

"파이커 없는 나라는 없다"
사회를 기록하고
타인과 공유하고 싶은 사람들

이대형 얼마 전 CCTV의 간판 앵커였던 차이징柴靜이 중국의 환경오염 문제를 다룬 〈Under the dome〉을 발표하였는데, 이 동영상이 며칠 만에 2억 회 이상 재생되며 폭발적인 반응을 보이고 있다. 덕분에 요쿠투도우(이하 '요쿠')의 동영상 서비스에도 방문자 수가 늘고 수혜를 좀 봤을 것 같다.

구용창 중국의 환경 문제에 대한 심각성은 모두가 공감하고 있는데다가 워낙 훌륭한 내용이라 트래픽이 폭발적으로 증가하게 된 것 같다. 그런데 곧 중국 정부에서 지침이 내려와 해당 동영상의 방영을 금지시켰다. 너무 큰 이슈가 되니까 부담스러웠나 보다.

이대형 오늘날 동영상 서비스의 영향력은 사실상 TV의 영향력을 넘볼 수 있을 만큼 커졌다고 본다. 어떻게 이렇게 발전할 수 있었다고 보는가? 그리고 앞으로는 어떤 방향으로 성장할 것인지 궁금하다.

구용창 머지않은 미래에 요쿠와 같은 동영상 서비스들이 현재의 방송사들을 완벽하게 대체할 수 있을 것으로 보고 있다. 이것은 웨이보가 과거의 뉴스 미디어를 대체하고, 위챗이 통신사를 대체해나가는 것과 같은 맥락으로 이해할 수 있다. 지금까지는 몇몇 방송사들이 집집마다 설치돼 있는 TV에 전파를 송출할 수 있는 권한을 나누어 갖는 구조로 방송이 이루어져 왔다.

그렇지만 인터넷 발달과 함께 PC와 스마트폰 등 인터넷에 접속 가능한 디바이스들이 늘어나면서 디지털카메라 등으로 영상 콘텐츠를 쉽게 제작하는 환경이 갖춰졌다. 게다가 요쿠와 같은 동영상 서비스를 통해 콘텐츠를 자유롭게 유통할 수 있는 구조가 만들어졌다. 방송을 위해 편성, 심의 등과 같은 절차들을 거쳐야 하고 큰 비용을 필요로 하는 방송국은 빠르게 변화·소비되는 현시대의 흐름에 점점 뒤처지고 있는 모습이다.

이대형 요쿠를 시작하게 된 계기가 있는가?

구용창 요쿠를 구상하게 된 가장 큰 계기는 2005년 후난TV에서 방영한 〈슈퍼걸〉(중국판 슈퍼스타K) 때문이었다. 〈슈퍼걸〉은 중국 최초로 TV 방영, 모바일 투표, 인터넷 유포를 함께 실시했는데, 이를 통해 동영상 서비스의 미래를 보게 되었다.

이대형 요쿠가 크게 성장하는 계기가 되었던 〈라오난할〉에 대해서도 설명이 필요할 것 같다.

구용창 〈라오난할〉은 유명배우와 유명감독 없이 요쿠에서 선보인 43분짜리 온라인 영상이다. 〈라오난할〉은 당시 요쿠가 제작했던 11가지의 단편 동영상 중 가장 인기를 끌었던 작품이었다. 당시에 영화 〈해리포터와 죽음의 성물〉의 인기가 많았는데, 〈라오난할〉의 검색량은 해리포터의 2배를 돌파했다.

이대형 요쿠 외에도 소호, 바이두, 텐센트 등등 현재 많은 동영상 서비스들이 있는데다가 경쟁 또한 치열하다. 요쿠의 경쟁력은 어디에 있다고 보는가?

구용창 동영상 서비스는 앞으로 더욱 크게 성장할 수 있을 것으로 보인다. 많은 사람들이 뛰어들어 시장을 크게 만들어야 한다고 생각한다. 각 사이트마다 다양한 전략들이 있겠지만 요쿠는 동영상만을 전문적으로 하고 있다. 또한 오래 전부터 우리들이 강력하게 외쳐오던 구호가 있다. 바로 '빠른 자가 왕이다'이다. 빠른 속도로 재생하고, 빠른 속도로 검색하며, 빠른 속도로 전파하는 것이다. 이는 요쿠의 모든 유저들이 인정한 우리만의 장점이다.

또 다른 경쟁력은 〈라오난할〉, 〈열한 개의 청춘〉 등과 같이 우리가 만들어낸 제품들과 브랜드이다. 이 점은 국내 다른 동영상 사이트뿐만 아니라 전 세계 동영상 사이트들과 비교하더라도 굉장히 차별화된 경쟁력이라 할 수 있다. 우리는 앞으로도 끊임없이 창조하고, 끊임없이 앞서 나갈 것이다.

이대형 요쿠에서는 위에서 말한 내용들뿐만 아니라 정말 각양각색의 영상들을 볼 수 있는데 이것들 역시 요쿠가 승리할 수 있는 요소들 중 하나인 것 같다.

구용창 맞다. 누구든지 파이커(영상/동영상을 촬영하는 사람)가 될 수 있다. 휴대폰이나 카메라, DV 등으로 주변의 재미있는 일이나 감동적인 일들, 사람들을 찍을 수 있다. 파이커들이 없는 곳은 없다. 2008년 올림픽이 좋은 예다. 당시 아테네에서 베이징까지, 에베레스트를 제외하고 각 국가 각 지역에서, 심지어 북한의 평양까지 영상이 찍혀 왔었다. 당시 우리 유저의 규모가 그리 크지 않았는데도 말이다. 정말이지, 파이커들이 없는 곳이 없다. 사람들이 사회를 기록하고자 하는 욕망 그리고 모두와 공유하고 싶어 하는 마음이 반영된 결과라 할 수 있다.
우리 회사 구호 중 또 다른 하나는 '세계가 보고 있다'이다. (물론 다른 각도로 본다면 세계가 당신을 보고 있을는지도 모른다.) 유저들의 잠재력과 꿈을 이룰 수 있도록 도와주는 것, 이것이 우리가 하고 싶은 일이다.

이대형 여러 동영상 사이트가 많은데 퀄리티가 우수한 파이커들의 영상이 왜 요쿠를 통해 전파된다고 생각하는가?

구용창 일종의 마태효과인 것 같다. 우리가 서비스한 시간이 비교적 길고 다들 요쿠를 통해 공유함으로써 얻는 영향력이 제일 크다는 것을 알고 있기 때문이 아닐까? 요쿠에 올린 영상의 영향력은 인터넷상에서 그치지 않고 방송국 TV 프로그램에서 가져다 쓸 정도이다.
게다가 우리는 2007년 '파이커'라는 명칭을 사용한 후부터 파이커들을 격려하기 위해 상금제도도 진행했는데 당시 공유한 영상이 일등 하면 1,000위안을 주는 행사를 매일 열었다.

"한국 드라마를 잡아라" 동영상 플랫폼 간의 뜨거운 경쟁

이대형 2014년에 방영했던 〈별에서 온 그대〉(이하 '별그대')가 중국에서 엄청난 인기를 끌었다. 아마 한국 드라마로서는 〈대장금〉 이후 이렇게 성공한 드라마가 없었을 것 같다. 〈별그대〉의 성공 원인은 무엇이라고 보는가?

구용창 과거에 〈대장금〉은 후난위성TV에서 방영해 엄청난 인기를 끌었고, 그 이후 많은 한국 드라마가 방송국을 통해 중국에 소개되었으나 한국 드라마 방영에 대한 쿼터와 심의가 강화되면서 큰 변화를 맞이하게 되었다. 중국에서 한국 드라마를 방영하기 위해 스케줄 조율 및 심의 판정에 최소 1년 이상의 시간이 걸리게 되면서부터, 중국의 인터넷 발달로 한국에서 드라마가 방영된 후 불과 하루 이틀 만에 각종 포털사이트에서 동영상과 자막을 다운로드 받을 수 있게 되면서부터, 시청자들은 TV로 한국 드라마를 볼 필요가 없어졌다.

'아이치이'라는 동영상 서비스는 〈별그대〉를 독점 방영했다. 한국 측으로부터 미리 영상을 받아 자막을 완성해두고 한국과 동시간대에 방영했으며, 첫 회 재생량이 13억 회를 넘을 정도로 큰 인기를 누렸다. 물론 드라마의 퀄리티가 훌륭해서이기도 했지만 플랫폼의 영향력 또한 만만치 않았던 것으로 보인다.

시장에서 아이치이의 포지셔닝은 명확했다. 드라마 구매在购剧, 드라마 밀어주기推剧, 마케팅과 종합예능 구매 방면에서 1970년대 후반~2000년대생을 주요 타깃으로 하고 4년 간의 경험과 유행, 젊음을 통한 고퀄리티의 브랜드로 유저들 마음속 깊이 자리잡게 되었다. 이러한 주요 유저들은 비교적 높은 소셜네트워크 활동도를 가지고 있어 정보를 공유하거나 퍼트리는 것을 즐겼다.

또한 아이치이는 으뜸가는 빅데이터 분석 능력을 가지고 제일 빠른 시간 내에 유저들의 드라마 취향과 시청 습관을 분석한 맞춤형 스타일로, 개성화된 창조적인 마케팅을 진행했다. 〈별그대〉가 방영된 후 아이치이는 중관춘지역中关村地区에 대형광고를 진행했고, 산리툰에 위치한 아이치이 카페 주제를 '별星星'로 변경해 맥주와 치킨

세트를 제공했다. 본 방송 상영회를 전국적으로 개최하여 현장에서 통역을 제공하기도 했다. 이전에는 동영상 플랫폼에서 드라마 하나를 위해 오프라인 이벤트를 전면적으로 지원하는 곳이 없었다.

이런 창조적이면서 기대치를 높이는 마케팅 이벤트활동은 엄청난 수의 드라마 팬을 모이게 유도했고, 그들의 참여는 웨이보나 펑요취안朋友圈에 활동소감을 올림으로써 첫 폭발점을 형성했다. 또한 아이치이는 다양한 마케팅으로 오랜 기간 동안 신선하고 폭발적인 인기를 유지시켰다.

2014년 동영상 플랫폼의 경쟁이 최고조에 달하면서 '독점 방영'과 '자체 제작 드라마'가 각 동영상 웹들의 중요한 전략이 되었다.

이대형 과거에 〈대장금〉이 큰 인기를 끌자 한국 드라마에 대한 쿼터 제한과 심의가 강화되었는데, 인터넷 동영상 플랫폼 유통에도 그 제한이 커지고 있다고 들었다.

구용창 이미 2015년 1월부터 한국 드라마 방영에 대해서 쿼터와 사전심의를 시작했다. 이러한 정책은 시장에 큰 충격을 주고 있는데, 〈별그대〉 이후 한국 드라마의 평균 판권

비용이 회당 20만 불을 넘어설 정도가 되었다. 정책이 발표된 이후 5만 불 이하로 떨어지거나 계약이 줄어들었지만 플랫폼 사업자들과 한국의 제작자들이 많은 시장경험을 통해 나름의 대응방식을 만들어가고 있다. 한국 드라마 제작사를 인수한다거나 투자를 통한 공동제작이란 명분으로 심의를 피해가려는 움직임이 이에 속한다.

이대형 한국과 중국의 드라마 시장을 보고 있으면 10년 전 온라인게임 시장이 떠오른다. 그때도 한국에서 개발한 온라인게임들의 인기가 식을 줄 몰랐고 중국의 많은 게임회사들이 판권을 가져가기 위해 경쟁했다. 그러다가 중국 정부에서 게임에 대한 심의를 시작했고 회사에 따라 서비스할 수 있는 한국 게임의 수를 제한하는 쿼터제가 비공식적(진실은 알 수 없으나 대다수의 사람들이 이렇게 믿고 있다)으로 도입됐다. 그래서 한국 게임회사가 쿼터를 갖고 있는 중국의 게임회사에 제발 판권을 사달라고 오히려 부탁하게 되는 진풍경이 벌어졌다. 현재 중국 게임회사들은 그동안 축적해 온 자본력과 경험을 통해 한국보다 우수한 개발역량을 갖게 되어 한국 온라인게임 시장에 침투 중에 있다. 드라마 산업의 경우도 게임 시장처럼 향후에 역전될 가능성이 발생할 수 있다.

YY 리쉐링
콘텐츠 시장의 지각변동

리쉐링 李学凌 · David Xueling Li | 1973~

리쉐링은 중국 인민대학에서 철학을 전공하고 2000년도에 기자와 아마추어 사진가들을 위한 저작권 거래 플랫폼인 CFP.CN을 창립했다. 2003년부터 2005년까지 넷이즈에서 편집장으로 일했으며 현재 그는 환쥐스다이歡聚時代·YY Inc.의 공동 창업자이자 CEO이다. 처음에 YY는 두오완이라는 게임 정보 포털로 시작해 2008년에는 음성 채팅 프로그램인 YY음성을 출시해 독보적인 성과를 거둔 바가 있다. 현재는 온라인 게임과 같은 온라인 콘텐츠, 소셜 네트워크를 다루는 온라인 엔터테인먼트 그룹으로 운영되고 있다. 대표 상품으로 YY뮤직, YY닷컴, 두오완 온라인 게임 등이 있다. YY뮤직은 가입자가 노래, 토크쇼, 춤 등 자신의 재능과 끼를 동영상으로 플랫폼에 올리면 이를 보고 다른 가입자가 인기투표를 진행하는 일종의 온라인 오디션 플랫폼이다. YY뮤직은 매출의 55%를 차지하고 있다. YY닷컴에서는 우리나라 아프리카TV처럼 개인방송 운영자들이 직접 제작한 영상 콘텐츠를 시청자들이 감상할 수 있도록 하는 서비스를 제공하고 있다. YY에서 리쉐링은 경영 전반에 대한 책임을 가지고 있고 주요 의사결정과 전략기획을 하고 있다. 2012년에는 7개월 만에 미국 나스닥에 상장했고 이 IPO를 통해 8,190만 달러의 자금을 확보했다.

인터넷·모바일이 주류와 비주류의 경계를 허물다

이대형 한국에서는 대도서관이나 양띵, 김이브 같은 인터넷 방송 스타들이 생겨났고 그들의 인기가 대단하다. 미국에는 Smosh나 Pewdiepie 같은 유튜브 스타들이 생겨났는데, 중국에는 그런 사람들이 있는가?

리쉐링 물론 중국에도 많다. YY에서 노래 방송을 하고 있는 포이즌Poison이라는 BJ와 요쿠에서 패션 방송을 진행하고 있는 모델 리아이Liai 등 여러 명이 있다.

이대형 한국 BJ의 아프리카TV 방송이 중국어 자막을 달고 위챗에서 공유되는 장면을 보고 신기해했던 적이 있다.

리쉐링 특히 게임과 같이 언어의 장벽이 낮은 주제를 다루는 영상 콘텐츠는 전 세계인이 즐길 수 있다. 게다가 요즘에는 동영상 플랫폼의 영향력이 커지고 있는 시대이기 때문에 재미있는 영상 콘텐츠가 있다면 순식간에 퍼져나가고, 콘텐츠 제작자 또한 세계적 명성을 얻게 된다. 과거에는 TV와 라디오 같은 주류 방송미디어에서만 스타가 탄생할 수 있었는데 이제는 평범한 1인 창작자도 온라인상에서 인기를 얻으면 천문학적인 수익을 올리며 연예인 못지않은 팬층을 확보할 수 있게 되었다.

이대형 그들은 어떻게 인기를 얻게 되었는가?

리쉐링 소비자의 니즈를 제대로 파악하고 충족시킬 수 있었던 점이 인기 요인이었던 것 같다. 기존의 주류 방송미디어에서는 다루기 힘든 분야를 잘 파고들었다. 과거에는 천 명 혹은 만 명이 좋아하는 영상 콘텐츠가 TV와 같은 주류 방송에 소개되기엔 그 타깃 수가 너무 적었으나 이제는 온라인 플랫폼을 통해 소개할 수 있게 된 것이다. 이러한 플랫폼을 통해 인기를 얻게 되면서 비주류였던 영상 콘텐츠가 주류로 부각되는 경우도 종종 보인다. 인기 BJ의 TV 광고 촬영이나 유튜브 스타가 연예인으로 데뷔하는 등의 사례가 있다.

이대형 최근에는 '스타'의 개념도 많이 바뀌고 있는 것 같다. 보다 친근해졌다고 할까? 과거의 스타는 사생활을 감추고 신비주의를 유지했다. 소통도 PR, 팬레터 등과 같이 일

방향적이었으나 현재는 SNS를 통해 스타의 일상을 공유하고 팬들과의 의사소통도 활발히 이루어지고 있다. 특히 아프리카TV나 YY와 같은 채널은 실시간으로 시청자들의 반응을 살펴보며 소통할 수 있기 때문에 대중이 스타를 더욱 친근하게 여기는 듯하다.

리쉐링 이러한 변화의 원인은 미디어 환경의 변화에서 찾아볼 수 있다. 미디어에 대한 일반 대중의 접근성이 커졌기 때문인데 특히 영상 제작 디바이스의 발전이라는 기술 환경의 변화가 이를 뒷받침해 주고 있다. 각종 카메라나 스마트폰, 영상 편집 툴은 일반인들도 다루기 쉽도록 바뀌었으며 유·무선 네트워크의 발전은 인터넷 속도를 향상시켰고 영상 끊김현상을 감소시켜 영상 콘텐츠를 유통하기 편한 환경이 마련된 것이다.

또한 SNS가 확산되면서 영상 콘텐츠를 소비하는 소비자들이 모여 콘텐츠를 공유하기 시작하면서부터 소비자의 수가 증가했고 '추천' 시스템이나 댓글을 통해 콘텐츠 제작자와 소비자가 서로 소통할 수 있는 기회가 많아졌다. 게다가 소비자들이 TV로 긴 영상을 시청하는 것보다 스마트폰으로 짧은 클립 형태의 영상 시청을 선호하게 되면서 미디어를 이용하는 형태 또한 변화되었다.

MCN 서비스의 등장, 영상 콘텐츠 시장의 지각변동을 가져온다

이대형 기술 환경의 변화를 기반으로 한 미디어 환경의 변화는 어떤 영향을 주었는가?

리쉐링 영상 콘텐츠를 유통하는 플랫폼의 종류가 다양해지면서 많은 것들이 바뀌었다. 가장 큰 변화는 바로 다양성인 것 같다. 과거에 TV가 독점적인 방송 플랫폼이었던 시절에는 사용자들에게 선택권은 시청시간과 채널뿐이었다. 모바일 환경에서는 모든 사람들이 개인화된 스마트기기로 다양한 플랫폼에서 다양한 영상 콘텐츠를 소비할 수 있게 되었는데, 과거에 TV에 방영되기에 모수가 크지 않거나 심의에 의해 걸러질 다양한 영상 콘텐츠를 접할 수 있게 되었다. 이러한 다양한 영상 콘텐츠를 제작하고 유통하는 사업자들이 모여서 만들어진 개념이 MCN(Multi channel network)이다.
MCN에 대해서는 잘 알고 있나?

이대형 물론이다. 개인 영상 콘텐츠 제작자가 온라인 플랫폼에 올린 동영상이 인기를 얻게 되면서 수익을 창출하게 되자 플랫폼에 채널을 모으고 영상 콘텐츠 유통과 프로모션뿐만 아니라 저작권 관리, 광고 유치 등 영상 콘텐츠 제작자들을 지원해주는 서비스가 나타났다. 이것이 바로 MCN인데 내가 정확하게 이해하고 있는가?

리쉐링 맞다. 플랫폼 업체 측이 영상 콘텐츠 제작자와 우호적인 파트너관계를 유지하는 방안 중의 하나는 영상 콘텐츠 제작자들을 지원하는 것이다. 영상 콘텐츠 제작자들 중에는 외주 제작사와 같은 전문적인 인력들도 있지만, 대부분의 경우 아마추어 1인 제작자들이기 때문에 이러한 종류의 지원 시스템이 제작자들로부터 각광받고 있다. 예를 들어 유튜브의 '제작자 스튜디오' 기능은 유튜브 플랫폼 내에서 간단한 영상 편집이나 특수효과 부여 기능, 저작권료가 없는 음향, 애드센스 광고 등을 제공한다.

이대형 정말 대단하다. 기존의 제작자 외에도 아마추어 1인 제작자가 더 많이 탄생할 수 있는 계기가 될 것 같다.

리쉐링 더 많은 1인 제작자가 탄생하게 된 데에는 동영상 플랫폼이 수입에 대한 배분을 확대한 것이 큰 영향을 끼쳤다고 보면 된다. 보다 많은 수익을 창출하는 1인 제작자들을 보며 기존에 소비자 역할만 담당했던 이들 또한 영상 콘텐츠 생산자가 될 수 있는 것이다. 영상 콘텐츠를 제작해 플랫폼에 업로드하는 것을 직업으로 삼는 제작자의 수도 증가했다. 이러한 상황을 배경으로 플랫폼 사업자가 영상 콘텐츠 제작자에게 지원을 하고 그 수익을 나누는 윈윈Win-win 형태의 서비스 즉, MCN이 본격적으로 모습을 드러낸 것이다.

이대형 MCN이 미디어 산업에 새로운 가능성을 보여줄 수 있을 것 같다. 영상 콘텐츠 제작자 입장에서는 안정적인 창작 활동이 가능하며 MCN 입장에서는 능력 있는 제작자와 함께해 더 많은 투자를 받아 추가적인 수익을 얻을 수 있다. 이러한 선순환 구조는 영상 콘텐츠 산업을 전체적으로 성장시킬 수 있는 계기가 될 것이다.

리쉐링 그렇다. 상황이 이렇다 보니 이제는 기존 미디어 업체들도 MCN 서비스에 대한 인식을 바꾸고 있다. 디즈니나 드림웍스 같은 메이저 미디어들이 MCN 서비스를 인수하거나 지분을 투자하며 MCN 사업 영역에 연이어 진출하고 있기도 하다. 2013년 5월 드림웍스는 '어썸니스'라는 MCN 서비스를 3,300만 달러에 인수했다. 어썸니스는 10대 시청자를 겨냥해 연예, 드라마, 스포츠 등 다양한 콘텐츠를 선보인 MCN 채널이다. 2014년 12월에는 '허스트'가 8,125만 달러를 지불하고 지분 25%를 인수했다. 한편 디즈니는 2014년 3월 약 10억 달러에 '메이커 스튜디오'를 인수했다. 메이커 스튜디오는 MCN 기업 중 최대 규모로 알려져 있으며 크리에이터를 발굴하고 육성하는 데에 초점을 두고 있다. 이와 같은 행보는 글로벌 미디어 기업들이 MCN의 가능성에 대해 높게 평가하고 있다는 방증이기도 하다.

이대형　향후 MCN 생태계는 어떻게 될 것이라 보는가?

리쉐링　우선 1인 영상 콘텐츠 제작자들의 경우에는 MCN 서비스에 대해 더더욱 의존할 수밖에 없을 것으로 본다. 플랫폼 내에서 큰 영향력을 갖고 싶은 1인 영상 콘텐츠 제작자가 콘텐츠 유통에 조금이라도 도움이 될 수 있도록 MCN 서비스를 활용하게 될 것이다. 그렇기 때문에 기획, 영업, 유통, 자금조달 능력을 가진 MCN 서비스 사업자들의 규모가 커지면서 미래에는 MCN 서비스 사업자들 간의 치열한 경쟁 끝에 소수만이 살아남아 거대화될 것으로 예상하고 있다.

핵심은 롱테일이다.

에필로그

자신만의 경영철학과 세상을 바라보는 통찰력을 가져라

- 기술의 진보가 던지는 변화구에 대처하는 자세

중국 경제는 급격한 발전을 이뤘지만 최근 들어 중국 경제의 성장이 다소 둔화되기 시작했다. 회의적인 입장을 견지하고 있는 사람들은 '중국 경제 거품론'을 주장하며 중국은 더 이상 성장하지 못할 것이라고 말한다. 이에 중국 정부가 내놓은 중국 경제 성장의 방안은 바로 창업이었다. 정부는 창업 진흥을 위해 각종 행정 규제의 축소 및 철폐와 자금 지원을 선언했다.

"대중의 창업, 만인의 혁신
(大众创业 万众创新)."

리커창 총리의 이 슬로건은 중국 내 창업 열풍에 불을 지폈다. 최근의 통계에 따르면 중국 전체에서 2013년에는 6,785개, 올해는 하루에 1만 1,055개의 기업이 설립된다고 한다.

미국에 실리콘밸리가 있다면 중국에는 베이징의 중관춘中關村이 있다. 이곳은 2014년 6월 200m 길이의 '중관춘 창업 거리Innovation Street'로 출발하였다. 주변의 북경대, 청화대 등 40여 개 대학이 소재해 인재풀이 넓어 중국 최대의 지식 인프라를 구축하고 있고, 수백 개의 과학기술 관련 연구소와 기업들이 인근에 존재해 IT 클러스터를 이루고 있다. 현재 중관춘에는 2만여 개의 입주기업이 모여 있다고 한다. 최근에는 실리콘밸리 벤처캐피털도 이곳 중관춘으로 모이고 있다.

마윈, 마화텅, 레이쥔과 같은 위대한 영웅들의 성공 신화를 보고 들으며 자란 중국 젊은이들은 성공을 꿈꾸며 스타트업에 뛰어들고 있다. 또한 '세계의 공장'에서 '세계의 시장'으로 변모한 기회의 땅 중국 시장에서 대박을 꿈꾸는 외국인들 역시 중국으로 속속 모이고 있다. 이들 중에서 중국 창업의 성공 신화를 쓸 또 다른 위대한 영웅이 다시 등장할 수 있을까?

적자 기업인 쿠팡의 기업가치가 수천 억의 이익을 내는 신세계를 앞질렀다. 지난 6월 쿠팡은 손정의 소프트뱅크 회장으로부터 무려 10억 달러의 투자를 받았다. 이는 쿠팡의 기업가치가 최소 5

조 5,000억 원 이상으로 평가된다는 의미인 동시에 국내 스타트업 역사상 규모가 가장 큰 투자였다.

한편 전 세계 숙박공유 서비스인 에어비앤비는 힐튼 호텔의 가치를 넘어섰다. 당장의 수익이 얼마냐를 두고 기업의 가치를 판단하는 것은 이제 의미가 없다. 기업을 바라보는 관점에 변화가 생긴 것이다. 기업의 가치를 판단하는 데에 있어서 기업의 재무제표는 아주 중요한 지표지만, 이제는 현재의 재무 상황을 뛰어넘어 미래의 가능성까지 통찰력 있게 살펴보아야 한다.

우리 사회에 인터넷·모바일이 등장해 모든 것들을 바꾸어놓고 있다. 비즈니스를 할 때 거리나 시간의 제약이 사라졌고, 모바일 기기와 통신망의 보편화로 인해 온라인에 대한 접근성이 폭발적으로 향상되며 오프라인 접점이 대체되었다. 이렇게 인터넷·모바일은 새로운 소비양식을 혁명적으로 구축하고 있다. 인터넷·모바일에 적응한 기업들은 생존하고 그렇지 못한 회사들은 도태될 것이다.

기업을 바라보는 우리의 관점도 바뀌어야 한다.

기존의 대기업과 상장회사들은 상당수가 무너지게 될지 모른다. 큰 회사들은 기본적으로 혁신하기 어려운 구조다. 당장의 손실은 주가에 영향을 미치고 기업 내부와 투자자들의 불만이 커지기 때문에 늘 그들의 눈치를 보며 혁신을 미룰 수밖에 없다. 현재 고객의 요구에 맞추어 더 좋은 제품을 위해 노력할 뿐이다. 그러다 발

빠른 신규 기업들이 나타나 그들이 미처 생각하지 못한 영역에서 새로운 영업 기반을 마련하고 새로운 시장을 개척한다. 고객의 니즈에 맞춰 그들에게 최고의 만족을 주고 효율적인 의사결정으로 훌륭하게 경영을 해온 기업들이 그동안 잘해왔음에도 불구하고 새로운 종류의 변화에 안일하게 대처한 결과 도태되는 경우를 많이 봤을 것이다.

하지만 인터넷·모바일에 적응하지 못하면 도태되는 것은 기업뿐만이 아니다. 사실은 이 책을 읽고 있는 독자 여러분을 포함한 기업과 소비자, 정부 등 모든 경제 주체도 마찬가지이다. 냉정하게 들릴 수도 있으나 현실이 그렇다. 인터넷과 모바일 혁명 그리고 이로 인해 파생되는 IoT, 빅데이터, 인공지능 등등 기술의 진보로 인해 다가올 새로운 세상에 하루 빨리 적응해나가야 한다. 게다가 새로운 세상에 적응할뿐더러 이를 뛰어넘어 새로운 세상을 앞서나가는 일부 특출난 인재들에게는 더 많은 기회가 제공될 것이다. 이들은 큰 부를 이룰 수도 있고 사회적 성공을 거두게 될 수도 있다. 앞서 나가는 인재라고 해서 단순한 얼리어답터를 의미하진 않는다. 사회의 변화를 감지할 수 있을 정도로 세상의 움직임에 대한 관심과 이를 기반으로 한 통찰력을 가지고 있어야 한다.

기술이 발전함에 따라 사람들이 점점 더 크고 깊은 두려움을 느끼고 있다. 기계가 인간의 일자리를 빼앗고 인공지능이 인간의 두뇌를 초월해 인류가 결국 기계에게 지배당할 것이라고 전망하기 때문이다. 무인비행기 드론은 운송업계 종사자들을 실업자로 만들 수 있고 매뉴얼이 입력된 로봇은 콜센터 직원들을 대신할 수 있을 것이다. 일에 대한 경제적 가치가 떨어지면서 사람들이 일에 쏟는 시간과 보수는 감소하고 그 결과 현재와 같은 수준의 수입을 안정적으로 벌어들일 수 없게 되어 중산층이 몰락하게 될 것이다. 반면 부자들은 더 큰 부를 쌓아 책정할 수 없는 수준의 양극화가 발생할 수 있다. 비관적인 생각을 가진 사람들이 전망하는 미래이다.

과연 미래 사회는 어둡기만 할까?

꼭 그렇지만은 않다. 오히려 또 다른 기회가 생길 것이다. 과거의 역사를 살펴보면 알 수 있듯이 기술의 발전으로 인해 사라진 일자리가 기술의 발전으로 생긴 새로운 일자리로 대체되었다. 예를 들어 자동차가 등장하면서 마차를 모는 마부들이 실업자가 되었지만 자동차 정비업자나 주유소의 주유원이라는 새로운 직업이 만들어졌다.

하지만 새로운 일자리를 얻기 위해서는 그만큼 그 일자리에 대한 능력을 갖추어야만 한다. 일을 할 만한 능력이 없는 사람에게는 절대 일자리가 주어지지 않는다. 더 많은 기회를 얻기 위해 우리는 끊임없이 공부하고 노력해야 할 것이다.

"만약 지금 내가 가지고 있는 경험과 지식을
그때도 가지고 있었더라면
과연 나는 중국에서
구두닭이 사업을 성공시킬 수 있었을까?"

집필을 시작하며 스스로에게 이런 질문을 던진 적이 있다. 이 질문의 핵심은 '내가 외국인으로서 중국 시장에 대해 충분한 정보와 통찰력을 가지게 되었는가'였다.

지난 십 년간 중국 시장의 매력에 흠뻑 빠져 다양한 도전을 해왔다. 초기에는 휴대폰 결제, 벨소리, 컬러링과 같은 모바일 서비스를 수출했었고 그 다음에는 중국의 파트너들과 함께 온라인게임을 서비스했었다. 중국에서 불법으로 유통되는 휴대전화 SIM카드의 정체를 쫓아 베이징의 야시장을 헤맨 적도 있었고, 감금을 당했다가 가까스로 탈출한 적도 있었으며, 사기꾼에게 걸려 거액의 사기를 당할 뻔한 적도 있었다.

모든 경험이 나 스스로를 성장시켰다.

2011년에 창업을 한 이후 중국 지사를 설립하며 당대 최고의 플랫폼 사업자들인 알리바바, 텐센트, 360, 시나, 샤오미 등과 파트너십을 맺어 사업을 추진했다. 그들 모두는 좋은 친구이자 훌륭한 스승이었다.

지금까지의 경험 그리고 집필과정을 거치면서 내게 생긴 가장 큰 변화는 '중국 시장을 대하는 태도의 변화'였다. 이전까지 나는 한국이나 미국의 트렌드가 중국에 어떻게 적용될지 예측하며 기회를 엿봤고 어떻게 해서든지 중국에서 돈을 벌어 성과를 내기 위해 노력해왔다. 그렇지만 지금은 중국 인터넷 시장이 세계에서 가장 앞서기고 있다고 확신한다. 중국 시장의 변화를 학습·예측하는 것은 곧 향후 전 세계의 인터넷 시장이 나아가는 방향을 짚는 데 꼭 필요한 일이라는 생각이 들며 이 책의 출간을 시작으로 한국의 많은 기업인, 젊은이들이 글로벌 시장에 도전하는 데 일조하고 싶다. 마지막으로 집필에 가장 큰 도움을 준 한소연 님에게 정말 감사하고 좋은 의견과 도움을 주신 원상훈, 라경수, 한수현, 정현수, 곽정인 님에게 감사의 말씀 전하고 싶다.

초판 1쇄 발행 2016년 3월 10일

지은이 이대형
펴낸이 이광재

책임편집 김미라 **교정** 맹인호
디자인 이창주 **마케팅** 이광훈

펴낸곳 카멜북스 **출판등록** 제311-2012-000068호
주소 경기도 고양시 덕양구 통일로 140 (동산동, 삼송테크노밸리) B동 442호
전화 02-3144-7113 **팩스** 02-374-8614 **이메일** book@camelfactory.co.kr
홈페이지 www.camelbooks.co.kr **페이스북** www.facebook.com/camelbooks

ISBN 978-89-98599-16-4 (03320)

• 책가격은 뒤표지에 있습니다.
• 파본은 구입하신 서점에서 교환해드립니다.

• 이 도서의 국립중앙도서관 출판예정도서목록(CIP)은 서지정보유통지원시스템 홈페이지(http://seoji.nl.go.kr)와 국가자료공동목록시스템(http://www.nl.go.kr/kolisnet)에서 이용하실 수 있습니다. (CIP제어번호 : CIP2016003960)